Л.Н. Бахтина

РУССКИЙ ЯЗЫК ДЛЯ МАТЕМАТИКОВ

Учебное пособие для иностранцев,
изучающих русский язык

МОСКВА
2009

УДК 808.2 (075.8)-054.6
ББК 81.2 Рус-96
Б30

Бахтина, Л.Н.
Б30 **Русский язык для математиков.** Учебное пособие для иностранцев, изучающих русский язык / Л.Н. Бахтина. — М.: Русский язык. Курсы, 2009. — 144 с.
ISBN 978-5-88337-192-8

Предлагаемое учебное пособие адресовано иностранным учащимся продвинутого уровня: студентам, аспирантам, магистрам, стажёрам, а также учащимся старших классов национальных школ, нуждающимся в формировании языковой и речевой компетенции при изучении высшей математики на русском языке.

Пособие включает типовые неадаптированные математические тексты, отражающие некоторые общие темы данной учебно-профессиональной сферы общения, имеющие воспроизводимую композиционно-смысловую структуру и реализующиеся на соответствующей языковой основе.

Система заданий направлена на овладение учащимися определенным базовым словарём в данной области знаний, развитие навыков чтения, говорения и письма.

Редактор *М.А. Кастрикина*
Корректор *В.К. Ячковская*
Компьютерная верстка и оригинал-макет *Е.П. Бреславской*

Гигиенический сертификат № 77.99.02.953.Д.000603.02.04 от 03.02.2004
Подписано в печать 20.02.2009 г. Формат 70×100/16
Объем 9,0 п. л. Тираж 1000 экз. Зак. 449

Отпечатано в ОАО «Щербинская типография».
117623, г. Москва, ул. Типографская, д. 10. Тел. 659-23-27.

Издательство ЗАО «Русский язык». Курсы
125047, Москва, 1-я Тверская-Ямская ул., д. 18
Тел./факс: (495) 251-08-45, тел.: 250-48-68
e-mail: kursy@online.ru; ruskursy@gmail.com
www.rus-lang.ru

ISBN 978-5-88337-192-8

© Издательство «Русский язык». Курсы, 2009
© Эндрюс Э.Н., 2009

Репродуцирование (воспроизведение) данного издания любым способом без договора с издательством запрещается.

ПРЕДИСЛОВИЕ

Предлагаемое пособие адресовано иностранным учащимся — студентам, магистрам, аспирантам факультетов, которые включают в свои программы высшую математику, а также учащимся старших классов национальных школ, нуждающимся в формировании языковой компетенции при изучении высшей математики на русском языке. В рамках программы для иностранных учащихся, изучающих русский язык в вузе, пособие предназначено для развития речевых умений и навыков на материале специальности на основном этапе в течение первого года обучения.

Цель пособия — развитие речевых навыков в сфере языка специальности не только на уровне предложения, но и целого высказывания, текста. В силу этого задачей обучения чтению здесь является восприятие текста в целом, определение темы, выявление основного содержания текста с учетом темы, основной специальной терминологии, обслуживающей данную тему, а также подготовка к воспроизведению текста на основе выявления типовых частей математического текста, его микротем и их языкового оформления.

Тексты пособия не адаптированы, а взяты из учебников по высшей математике и математических справочников в готовом виде или скомпилированы из отдельных фрагментов источников. Пособие включает материалы, соответствующие основной тематике математических текстов. Имеется в виду определение математических понятий и их обозначение, установление соотношений между понятиями и величинами, построение доказательства или иного математического рассуждения (решение задачи, уравнения). Словарь текстов и упражнений, включённых в пособие, покрывает большой пласт специальной лексики, необходимой в курсе высшей математики.

Пособие содержит три крупных раздела: «Словарь геометрии», «Некоторые понятия математического анализа» и «Доказательства, решение задач», каждый из которых включает несколько тем.

Внутри каждой темы задания делятся на три группы. Задания первой группы выполняют основную задачу в работе с текстом. Они направлены на организацию работы студентов с целью вычленения основной информации текста, выделения основных понятий и установления логической связи между отдельными понятиями, включёнными в текст. Работа ведётся над отдельными фрагментами текста (заглавием, абзацем, группой абзацев) и предполагает предшествование заданий на общее понимание текста заданиям на более детальное его понимание. Многократное обращение к тексту и неоднократное повторение математической терминологии при выполнении заданий способствуют непроизвольному её запоминанию и осмыслению её значения.

В пособии отсутствуют задания на семантизацию лексики математического текста, поскольку наличие большого количества чертежей и формул во многом снимает эти трудности.

Задания второй группы направлены на снятие лексико-грамматических трудностей, возникающих при чтении и воспроизведении математических текстов. Эти задания могут выполняться в процессе работы над текстом на любом этапе: как предтекстовая работа; при чтении фрагмента текста, где больше всего представлены такие трудности; как подведение итогов лексико-грамматических наблюдений в тексте.

Задания третьей группы организуют отсроченное воспроизведение текста, повторение основной математической терминологии и наиболее часто встречающихся и удобных для устного воспроизведения синтаксических моделей, используемых в математическом тексте для выражения определенных значений.

В пособии представлены задания тестового характера, а также много заданий, которые легко трансформируются в задания этого типа, что в совокупности может служить материалом для организации самостоятельной работы учащихся с использованием современных технических средств. Задания каждой группы имеют отдельную нумерацию. Некоторые задания снабжены ключами.

Пособие включает несколько приложений, которые могут рассматриваться как справочный материал или как основа для различных заданий.

Приложение 1 представляет собой список основных математических обозначений, который может использоваться как один из способов семантизации специальной лексики, а также в качестве материала для заданий типа «Что означает данный символ?» или «Как обозначается данное понятие?».

Приложение 2 обучает способам прочтения сложных математических выражений, каковыми являются производные.

Приложение 3 включает латинский алфавит и некоторые буквы греческого алфавита, цель которых способствовать формированию звукового образа символики математических понятий и величин, что особенно важно в группах учащихся, не говорящих на европейских языках.

Автор

ЧАСТЬ 1
СЛОВАРЬ ГЕОМЕТРИИ

«Египетский царь Птолемей Первый, заинтересовавшийся геометрией, спросил древнегреческого геометра Евклида:

—Нельзя ли как-нибудь полегче овладеть геометрией?

Евклид ответил царю:

—Царских путей в геометрии нет».

Тема 1
Углы на плоскости

1. Пара различных лучей *Oa* и *Ob*, выходящих из одной точки *O*, называется *углом* и обозначается ∠ (*a*, *b*). Точка *O* называется *вершиной* угла, а лучи *Oa* и *Ob* — *сторонами* угла.

Биссектрисой угла называется луч, начинающийся в вершине угла и делящий угол пополам, т. е. (то есть) на два равных угла.

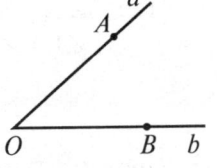

2. Угол ∠ (*a*, *b*) называют *развёрнутым*, если лучи *Oa* и *Ob*, выходящие из одной точки, лежат на одной прямой и не совпадают, т. е. противоположно направлены. Развёрнутый угол равен 180°.

3. Для измерения углов используются *градусная мера* и *радианная мера*. При градусном измерении за единицу измерения принимается угол в 1 градус (1°), равный 1/180 развёрнутого угла. При радианном измерении углов за единицу измерения принимается угол в 1 радиан.

1 радиан = 180°/π ≈ 57°17'45"[1]

4. ∠α = 90°   ∠α — прямой угол.
∠β < 90°   ∠β — острый угол.
∠γ > 90° < 180°   ∠γ — тупой угол.

5. Два угла, имеющие одну общую сторону и в сумме составляющие 180°, называются *смежными* углами. Два угла, имеющие одну общую сторону и в сумме составляющие 90°, называются *дополнительными* углами.

---

[1] ° — градус; ' — минута; " — секунда; ≈ — приблизительно.

6. При пересечении двух любых прямых образуются *вертикальные* углы. Два угла называются *вертикальными*, если стороны одного угла являются дополнительными полупрямыми другого угла.

Две различные прямые *a* и *b*, лежащие в одной плоскости и не имеющие ни одной общей точки, называются параллельными (*a* ∥ *b*). В результате пересечения двух параллельных прямых третьей прямой образуются следующие пары углов.

Пары ∠1, ∠5; ∠2, ∠6; ∠3, ∠7; ∠4, ∠8 — *соответственные* углы.
∠1 = ∠5; ∠2 = ∠6; ∠3 = ∠7; ∠4 = ∠8.
Пары ∠3, ∠5; ∠4, ∠6 — *внутренние накрест лежащие* углы.
∠3 = ∠5; ∠4 = ∠6.
Пары ∠1, ∠7; ∠2, ∠8 — *внешние накрест лежащие* углы.
∠1 = ∠7; ∠2 = ∠8.
Пары ∠4, ∠5; ∠3, ∠6 — *прилежащие* углы.
∠4 + ∠5 = 180°; ∠3 + ∠6 = 180°.
Пары ∠1, ∠3; ∠2, ∠4; ∠5, ∠7; ∠6, ∠8 — *вертикальные* углы.
∠1 = ∠3; ∠2 = ∠4; ∠5 = ∠7; ∠6 = ∠8.

А

Задание 1. Просмотрите весь текст. Перечислите (прочитайте) названия всех углов, о которых говорится в тексте.

Задание 2. Прочитайте абзац **1**. Ответьте на вопросы.

1) Какие линии образуют любой угол? 2) Из какой точки выходит пара лучей? 3) Как называются точки и линии угла? 4) Как называется общая точка, из которой выходят два луча? 5) Как называются два луча, которые выходят из общей точки и образуют угол? 6) Что такое угол? 7) Какой луч делит угол пополам? 8) Где начинается луч, который делит угол пополам? 9) На какие части делит угол биссектриса? 10) Что такое биссектриса? Нарисуйте угол с биссектрисой.

Задание 3. Просмотрите абзацы **2** и **4**. Назовите, какие бывают углы в зависимости от их величины.

Задание 4. *а)* Дополните предложения. Выберите правильный вариант.

1) развёрнутый угол   2) острый угол   3) прямой угол   4) тупой угол

1. Если угол равен 90°, это ... .
2. Если угол равен 180°, это ... .
3. Если угол больше 90°, но меньше 180°, это ... .

4. Если угол меньше 90°, это ... .
5. Если стороны угла взаимно перпендикулярны, это ... .
6. Если стороны угла лежат на одной прямой и направлены противоположно, это ... .

б) Нарисуйте перечисленные углы.

Задание 5. Прочитайте абзац **3**. О чём говорится в нём?

Задание 6. Ответьте на вопросы.

1) Какие меры используются для измерения угла? 2) Какая величина принимается за единицу измерения при градусном измерении? 3) Какая величина принимается за единицу измерения при радианном измерении? 4) Что такое градус, что такое радиан? 5) Чему равен 1 градус? 6) Чему равен 1 радиан?

Задание 7. Прочитайте пятую часть текста. Ответьте на вопросы.

1) О каких парах углов говорится в этой части? 2) Что общего имеют а) два смежных угла, б) два дополнительных угла? 3) Чему равна сумма смежных углов? 4) Чему равна сумма дополнительных углов? 5) Какие углы в сумме составляют 90°? 6) Какие углы в сумме составляют 180°? 7) Какие два угла называются смежными? 8) Какие два угла называются дополнительными? 9) Нарисуйте смежные и дополнительные углы.

Задание 8. Прочитайте абзац **6**. О каких парах углов говорится в нём?

Задание 9. Ответьте на вопросы.

1) Какие углы образуются при пересечении двух прямых на плоскости? 2) Чем являются стороны одного угла для другого, если эти углы вертикальные? 3) Какие углы называются вертикальными? Нарисуйте их. 4) Параллельные прямые лежат в **одной** плоскости? 5) Параллельные прямые **имеют** общие точки? 6) Какие две прямые называются параллельными? 7) Какие углы образуются при пересечении этих двух прямых третьей?

Задание 10. Дополните предложения. Выберите правильный вариант.

1) равны   2) составляют в сумме 90°   3) составляют в сумме 180°

1. Смежные углы ... .
2. Дополнительные углы ... .
3. Вертикальные углы ... .
4. Накрест лежащие углы ... .
5. Прилежащие углы ... .
6. Соответственные углы ... .

Б

Задание 1. Дополните предложения. Выберите правильный вариант.

1) один   2) одну   3) одна   4) два   5) две

1. Угол образуют ... луча, выходящие из одной точки.
2. Угол имеет ... стороны.

7

3. Угол имеет ... вершину.
4. Вершина угла — это ... общая точка, из которой выходят два луча.
5. Биссектриса делит угол на ... равные части.
6. ... радиан равен 180°/π.
7. ... вертикальных угла равны.
8. Смежные углы имеют ... общую сторону.
9. ... параллельные прямые не имеют ни одной общей точки.

Задание 2. Дополните предложения. Выберите правильный вариант.

1) на плоскости   2) на одной прямой   3) из одной точки   4) из вершины угла

1. Лучи, образующие угол, выходят ... .
2. Углы, о которых говорится в тексте, находятся ... .
3. Стороны развёрнутого угла лежат ... .
4. Биссектриса выходит ... .

Задание 3. Передайте содержание данных предложений, заменяя причастные обороты предложениями со словом *который*.

1. Пара лучей, <u>выходящих</u> из одной точки, называется углом.

   1) которые выход**ят**   2) которая выход**ит**

2. Развёрнутый угол имеет стороны, <u>лежащие</u> на одной прямой.

   1) которая леж**ит**   2) которые леж**ат**

3. Два угла, <u>имеющие</u> общую сторону, могут быть смежными или дополнительными.

   1) который име**ет**   2) которые име**ют**

4. Прямые, <u>являющиеся</u> параллельными, не имеют общих точек.

   1) которые явля**ются**   2) которая явля**ется**

Задание 4. Передайте содержание данных предложений, заменяя прилагательные предложениями со словом *который* в нужной форме.

1) который   2) которая   3) которое   4) которые   5) которых

1. Две взаимно перпендикулярные прямые образуют прямой угол, <u>равный</u> 90°. — Две взаимно перпендикулярные прямые образуют прямой угол, ... <u>равен</u> 90°.
2. Равные накрест лежащие углы образуются при пересечении двух прямых, <u>параллельных</u> друг другу, третьей прямой. — Равные накрест лежащие углы образуются при пересечении двух прямых, ... <u>параллельны</u> друг другу, третьей прямой
3. Острый угол — это угол, <u>меньший</u> 90°. — Острый угол — это угол, ... <u>меньше</u> 90°.
4. Тупой угол — это угол, <u>больший</u> 90°. — Тупой угол — это угол, ... <u>больше</u> 90°.

Задание 5. Дополните предложения. Выберите правильную форму.

1) друг друга   2) друг другу   3) друг с другом   4) друг к другу

1. Вертикальные углы всегда равны ... .
2. Прямые, которые не имеют общих точек, параллельны ... .
3. При пересечении двух параллельных прямых третьей прямой соответственные углы равны ... .
4. Стороны прямого угла взаимно перпендикулярны ... .

Задание 6. а) Составьте словосочетания. б) Составьте предложения с полученными словосочетаниями.

лежать *где*	одна прямая, одна плоскость
начинаться *где*	точка *A*
выходить *откуда*	общая начальная точка
иметь *что*	общая сторона
не иметь *чего*	общие точки
являться *чем*	параллельные прямые, смежные углы
называться *чем*	прямой угол, биссектриса, дополнительные углы
делить *что на что*	угол — два равных угла
принимать *что за что*	радиан, градус — единица измерения угла

В

Проверьте себя!

Задание 1. Дополните предложения. Выберите все возможные варианты.

1) прямые углы   2) острые углы   3) тупые углы   4) развёрнутые углы   5) смежные углы   6) дополнительные углы   7) вертикальные углы   8) накрест лежащие углы   9) соответственные углы   10) прилежащие углы

1. ... имеют стороны, лежащие на одной прямой и противоположно направленные.
2. ... равны.
3. ... равны 90°.
4. ... равны 180°.
5. ... в сумме составляют 90°.
6. ... в сумме составляют 180°.
7. ... имеют общую сторону.
8. ... меньше 90°.
9. ... больше 90°, но меньше 180°.
10. ... образуются при пересечении двух параллельных прямых третьей.

Задание 2. Дополните предложения словами, данными в **справке**, в нужной форме.

1) Две параллельные прямые, лежащие в одной плоскости, не ... . 2) Стороны развёрнутого угла не ... . 3) Дополнительные углы ... 90°. 4) Вертикальные

углы образуются двумя прямыми, которые ... . 5) Две взаимно перпендикулярные прямые образуют угол, который ... 90°. 6) Этот луч ... угол пополам. 7) Данная прямая ... две параллельные прямые, образуя соответственные углы.

Слова для справок: совпадать, пересекать, пересекаться, делить, составлять в сумме, равен.

Задание 3. Расскажите об углах на плоскости. Дополните предложения.

Пара лучей *Oa* и *Ob*, которые выходят из одной точки *O*, называется ...

Точка *O* называется ..., а лучи *Oa* и *Ob* — это ...

Линия, которая выходит из вершины угла и делит угол пополам, ...

Для измерения углов используются различные меры измерения: ...

За единицу измерения принимаются ...

Угол, у которого обе стороны лежат на одной прямой, но противоположно направлены, называется ...

Прямой угол равен ...

Острый угол ... прямого угла.

Тупой угол больше ... угла, но меньше ... угла.

Если два угла имеют общую сторону и в сумме составляют 180°, это ...

Если два угла, имеющие общую сторону, в сумме составляют 90°, они называются ...

При пересечении двух прямых третьей прямой образуются ...

Если две прямые, которые пересекаются третьей, параллельны, то соответственные углы, накрест лежащие углы ..., а прилежащие углы ...

Вертикальные углы всегда ...

ТЕМА 2
ТРЕУГОЛЬНИКИ

1. *Треугольником* называется фигура, которая состоит из трёх точек, не лежащих на одной прямой, и трёх отрезков, попарно соединяющих эти точки. Точки называются *вершинами* треугольника, а отрезки — его *сторонами*.

a, *b*, *c* — стороны треугольника.

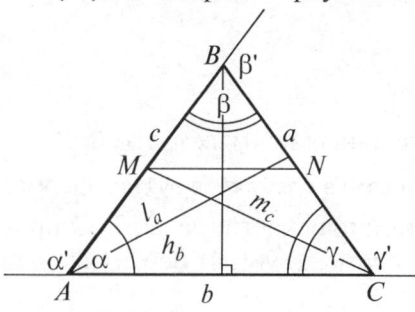

$\angle\alpha$, $\angle\beta$, $\angle\gamma$ — внутренние углы треугольника.

$\angle\alpha'$, $\angle\beta'$, $\angle\gamma'$ — внешние углы треугольника.

$\angle\alpha'$, $\angle\alpha$; $\angle\gamma$, $\angle\gamma'$ — смежные углы треугольника $\angle\alpha + \angle\alpha' = 180°$;

$\angle\gamma + \angle\gamma' = 180°$.

h_a, h_b, h_c — *высоты* треугольника, опущенные под прямым углом из вершин треугольника на прямые, содержащие соответствующие противоположные стороны a, b, c.

$$h_a \perp a \quad h_b \perp b \quad h_c \perp c$$

m_a, m_b, m_c — *медианы* треугольника, соединяющие вершины треугольника с серединами противолежащих сторон a, b, c.

l_a, l_b, l_c — *биссектрисы* треугольника, соединяющие вершины треугольника с точками на противолежащих сторонах a, b, c и делящие соответствующие внутренние углы пополам.

MN — *средняя линия* треугольника, соединяющая середины двух сторон треугольника и параллельная третьей стороне.

P — периметр треугольника, равный сумме длин его сторон.
$$P = a + b + c$$
p — полупериметр треугольника. $p = 1/2\, p$

$S\,\triangle ABC$ — площадь треугольника ABC. $S = 1/2\, a h_a$

2. Равнобедренный треугольник

Треугольник, у которого две стороны равны, называется *равнобедренным*.
$$a = c$$
В равнобедренном треугольнике обычно за *основание* принимают сторону, не равную ни одной из двух других сторон.

Вершину угла, лежащего против основания равнобедренного треугольника обычно называют *вершиной* равнобедренного треугольника.

Высота, проведённая из вершины, является также биссектрисой и медианой. $h_b = m_b = l_b$

Углы, прилежащие к основанию равнобедренного треугольника, равны.
$$\angle\alpha = \angle\gamma$$

Равносторонний треугольник

Треугольник, все стороны которого равны, называется *равносторонним* (или *правильным*) треугольником. $a = b = c$

Все углы равностороннего треугольника равны. Каждый из них равен 60°. $\angle\alpha = \angle\beta = \angle\gamma = 60°$

В равностороннем треугольнике каждая из трёх высот является также биссектрисой и высотой. $h_a = l_a = m_a$, $h_b = l_b = m_b$, $h_c = l_c = m_c$

3. Прямоугольный треугольник

Треугольник, у которого один угол прямой, называется *прямоугольным* треугольником. Сторона, лежащая против прямого угла, называется *гипотенузой*, а две другие стороны *катетами*.

$\angle\alpha = 90°$, b, c — катеты, a — гипотенуза.

Стороны прямоугольного треугольника связаны между собой соотношением, которое выражается *теоремой Пифагора*: квадрат длины гипотенузы равен сумме квадратов длин катетов. $a^2 = b^2 + c^2$

Площадь прямоугольного треугольника равна половине произведения его катетов. $S = 1/2\ bc$

4. *Тригонометрические функции*

Тригонометрические функции определяют соотношения между сторонами и острыми углами прямоугольного треугольника.

Синусом острого угла прямоугольного треугольника называется отношение катета, противолежащего данному углу, к гипотенузе. $\sin\gamma = c/a$, $\sin\beta = b/a$

Косинусом острого угла прямоугольного треугольника называется отношение прилежащего к данному углу катета к гипотенузе. $\cos\gamma = b/a$, $\cos\beta = c/a$

Тангенсом острого угла прямоугольного треугольника называется отношение катета, противолежащего данному углу, к прилежащему. $\mathrm{tg}\,\gamma = c/b$, $\mathrm{tg}\,\beta = b/c$

5. *Подобные треугольники*

Если стороны одного многоугольника пропорциональны сторонам другого многоугольника и соответственные углы, лежащие между пропорциональными сторонами, равны, то многоугольники *подобны*.

Признаки подобия треугольников.

1) По трём соответственно пропорциональным сторонам:
$$|AB|/|A_1B_1| = |BC|/|B_1C_1| = |AC|/|A_1C_1|.$$

2) По двум равным углам: $\angle A = \angle A_1$, $\angle B = \angle B_1$.

3) По двум пропорциональным сторонам и равным углам между ними:
$$|AB|/|A_1B_1| = |BC|/|B_1C_1|,\ \angle B = \angle B_1.$$

6. *Вписанные и описанные треугольники*

Треугольник, все вершины которого лежат на окружности, называется *вписанным*, а окружность — *описанной* около этого треугольника. Около всякого треугольника можно описать окружность, и притом только одну.

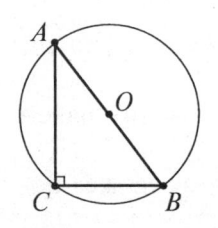

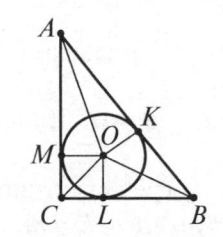

Треугольник, все стороны которого касаются окружности, называется *описанным* около этой окружности, а окружность — *вписанной* в этот треугольник. Во всякий треугольник можно вписать окружность, и притом только одну.

Центр окружности, описанной около равностороннего треугольника, совпадает с центром окружности, вписанной в него.

Центр окружности описанной около прямоугольного треугольника лежит на середине гипотенузы, следовательно, её радиус равен половине гипотенузы: $R = a/2$.

R — радиус окружности, описанной около треугольника.

r — радиус окружности, вписанной в треугольник.

А

Задание 1. Прочитайте абзац **1** и просмотрите чертёж к нему. Покажите на чертеже соответствующие линии и углы. Ответьте на вопросы.

1) Какие линии важны в треугольнике? 2) Какие углы бывают в треугольнике? 3) Откуда (и куда) опущена высота в треугольнике?

Задание 2. Ответьте на вопросы.

Какая линия   а) делит угол пополам?
                б) делит сторону пополам?
                в) перпендикулярна к одной из сторон треугольника?
                г) параллельна одной стороне, делит две другие пополам?

Задание 3. Дайте определение, что такое **биссектриса, медиана, высота, средняя линия** треугольника.

Задание 4. Продолжите высказывание.

1) Треугольник — это фигура, которая состоит из трёх точек, не лежащих ..., и трёх соединяющих их отрезков.
2) Точки называются ..., а отрезки — ...
3) Сумма длин сторон треугольника называется ...
4) Половина суммы длин сторон треугольника называется ...
5) Символ *S* означает ...

Задание 5. Просмотрите абзацы **2** и **3** и ответьте на вопрос: *Какие бывают треугольники?*

Задание 6. Ответьте на вопросы, используя формулы, данные в абзацах **2** и **3**.

1) У какого треугольника равны две стороны?
   Какой треугольник имеет две равные стороны?

2) У какого треугольника равны три стороны?
   Какой треугольник имеет три равные стороны?

3) У какого треугольника один угол равен 90°?
   Какой треугольник имеет один прямой угол?

4) Как называются стороны прямоугольного треугольника?

Задание 7. Дайте определение каждого типа треугольника. Используйте модели типа:

а) ‖ ... называется треугольник, *который* имеет ...
                    у которого ...
                стороны *которого* ...

б) ‖ **Если** треугольник имеет ..., **то** треугольник называется ...
      у треугольника ...
      стороны треугольника ...

Задание 8. Ответьте на вопросы.

1) У какого треугольника все углы равны? 2) У какого треугольника одна медиана является одновременно биссектрисой и высотой? 3) У какого треу-

13

гольника все медианы являются и биссектрисами, и высотами? 4) У какого треугольника основанием является сторона, которая не равна двум другим, а вершиной треугольника — вершина, противолежащая основанию.

Задание 9. Поговорим о прямоугольном треугольнике. Продолжите высказывание.

1) Прямой угол равен ...
2) В прямоугольном треугольнике прямому углу противолежит ...
3) Катеты треугольника взаимно ...
4) Соотношение между сторонами прямоугольного треугольника выражается ...
5) По теореме Пифагора квадрат длины гипотенузы равен ...
6) Площадь прямоугольного треугольника равна ...

Задание 10. Расскажите о каждом типе треугольника:
  а) дайте определение;
  б) охарактеризуйте его свойства.

Задание 11. Посмотрите абзац **4**. В нём даны тригонометрические функции, которые выражают отношение между острыми углами прямоугольного треугольника и его сторонами:
  а) назовите эти функции;
  б) назовите, какие ещё тригонометрические функции существуют в математике.

Задание 12. Посмотрите на чертёж к абзацу **3**. Ответьте на вопросы.

1) Какие углы в этом прямоугольном треугольнике являются острыми? 2) Какие катеты являются *противолежащими* углам ∠β, ∠γ? 3) Какие катеты являются *прилежащими* к углам ∠β, ∠γ? 4) Какие углы *противолежат* катетам *b*, *c*? 5) Какие углы *прилежат* к катетам *b*, *c*? 6) Какая сторона *противолежит* прямому углу?

Задание 13. Дайте определение тригонометрических функций. Используйте модель типа:

‖ *Синус острого угла прямоугольного треугольника ... — это отношение ... к ...*

Задание 14. Посмотрите абзац **5**. Ответьте на вопросы.

1) О каких треугольниках идёт речь в этой части текста? 2) Какие признаки указывают на подобие треугольников? (пропорциональность *чего*, равенство *чего*)

Задание 15. Поговорим о признаках подобия треугольников. Дополните высказывания.

Треугольники подобны, если ...

а) ... стороны одного треугольника пропорциональны ... сторонам ...
б) ... угла одного треугольника равны ...
в) ... стороны одного треугольника ... , а углы между этими сторонами ...

Задание 16. Посмотрите на чертёж к абзацу **5**. Расскажите о данных подобных треугольниках: *а)* какие углы в них равны; *б)* какие стороны пропорциональны.

Задание 17. Дайте определение, что такое подобные треугольники.

Задание 18. **а)** Прочитайте абзац **6**. О каких фигурах говорится в ней?

б) Закончите высказывания.

1) Стороны треугольника касаются окружности. Значит, треугольник описан ..., а окружность вписана ...
2) Вершины треугольника лежат на окружности (принадлежат окружности). Следовательно, треугольник вписан ..., а окружность описана ...
3) Центр окружности лежит на середине гипотенузы. Отсюда следует, что окружность описана ...
4) Треугольник равносторонний. Тогда центры вписанной в него и описанной около него окружностей ...

Задание 19. Дополните предложения.

1) Если окружность находится внутри треугольника, а его стороны являются касательными к окружности, то такая окружность называется ...
2) Если вершины треугольника лежат на окружности, такая окружность является ...
3) Радиус описанной окружности обозначается ..., а радиус вписанной окружности — ...
4) Радиус окружности, описанной около прямоугольного треугольника, равен ...
5) Если треугольник описан около окружности, его стороны ...
6) Если треугольник вписан в окружность, его вершины ...

Б

Задание 1. **а)** При описании соотношений элементов геометричнских фигур используются активные и пассивные модели с предикатами, выраженными глаголами несовершенного вида. **Обратите внимание** на соотношение форм субъекта, объекта и предиката в активе и пассиве.

О б р а з е ц: 1. МедианА *делит* сторонУ треугольника пополам. —
  СторонА треугольника *делитСЯ* медианОЙ пополам.

2. МедианЫ *делят* сторонЫ треугольника пополам. —
  СторонЫ треугольника *делятСЯ* медианАМИ пополам.

б) Измените данные предложения по образцу.

1) Биссектриса делит угол пополам. 2) Средняя линия трапеции делит боковые стороны пополам. 3) Точка пересечения делит диагонали параллелограмма пополам. 4) Прямая пересекает окружность в двух точках. 5) Пересекающиеся прямые образуют вертикальные углы. 6) Три основных элемента полностью определяют любой треугольник. 7) Например, две стороны и угол между ними задают треугольник. 8) Медиана соединяет вершину треугольника с серединой противоположной стороны.

Задание 2. **а)** При описании геометрических построений используют активные и пассивные модели без указания субъекта действия с предикатами, выраженными глаголами несовершенного вида. **Обратите внимание** на формы объекта и предиката в активе и пассиве.

О б р а з е ц: *Строят* прям*УЮ*, параллельную данной прямой. — *СтроитСЯ* прям*АЯ*, параллельн*АЯ* данной прямой.

б) Измените данные предложения по образцу.

1) Отрезок *AC* проектируют на плоскость α. 2) Строят угол, равный данному. 3) Строят биссектрису данного угла. 4) Из точки *O* опускают перпендикуляр на прямую *a*. 5) Делят отрезок на равные части.

Задание 3. **а)** Прочитайте текст. Ответьте на вопрос: *Какие чертёжные инструменты могут использоваться при построениях геометрических фигур?*

С помощью линейки можно начертить изображение а) произвольной прямой; б) прямой, проходящей через данную точку; в) прямой, проходящей через две данные точки.

С помощью циркуля можно: а) построить окружность данного радиуса с центром в данной точке; б) отложить данный отрезок на данной прямой от данной точки.

б) Выберите в данных парах глаголы несовершенного вида: ***изображать/изобразить***; ***строить/построить***; ***откладывать/отложить***.

в) Расскажите, какие построения делают/делаются с помощью линейки и циркуля. Используйте активные и пассивные модели предложения (без указания субъекта).

Задание 4. Установите соотношения между данными элементами треугольника. Используйте модели:

что	параллельно / перпендикулярно / подобно / равно	чему

1) В подобных треугольниках стороны одного треугольника — соответственные стороны другого треугольника.
2) Средняя линия треугольника — основание треугольника.
3) В подобных треугольниках углы одного треугольника — соответственные углы другого треугольника.
4) При равенстве трёх сторон: треугольник *ABC* — треугольник $A_1B_1C_1$.
5) Высота *BD* — прямая, содержащая основание *AC*.
6) При пропорциональности трёх сторон: треугольник *ABC* — треугольник $A_1B_1C_1$.
7) Полупериметр треугольника — полусумма длин его сторон.
8) Диаметр описанной около прямоугольного треугольника окружности — длина гипотенузы.

Задание 5. Дополните предложения. Выберите правильный вариант.

а) 1) лежит   2) лежат   3) прилежит   4) прилежат   5) противолежит   6) противолежат

1. Центр окружности, описанной около прямоугольного треугольника, ... на середине гипотезузы.
2. Острые углы прямоугольного треугольника ... к гипотенузе.
3. Прямой угол ... гипотенузе.
4. Прямой угол ... между двумя катетами.

б) 1) на окружности   2) около окружности   3) в окружность

1. Впишем ... треугольник.
2. Опишем ... треугольник.
3. Гипотенуза вписанного ... прямоугольного треугольника является диаметром этой окружности.
4. Вершины вписанного ... треугольника лежат ...

Задание 6.   *а)* Составьте словосочетания.

б) Составьте предложения с полученными словосочетаниями.

соединять/соединить *что* *что и что* *что с чем*	середины боковых сторон треугольника; точка *A* — точка *B*; вершина треугольника — середина противоположной стороны
содержать *что*	противоположная сторона
опускать/опустить *что* *откуда куда*	высота; вершина треугольника — прямая, содержащая противоположную сторону
принимать/принять *что за что*	сторона, не равная двум другим сторонам, — основание треугольника

В

Проверьте себя!

Задание 1. Ответьте на вопросы. Можете выбрать ответ из данных вариантов.

1) на окружности   2) на середине гипотенузы   3) не на одной прямой   4) между катетами   5) между пропорциональными сторонами   6) против основания   7) против прямого угла

1) Где лежат вершины треугольника? 2) Где лежит гипотенуза прямоугольного треугольника? 3) Где в прямоугольном треугольнике находится прямой угол? 4) Где лежит вершина равнобедренного треугольника? 5) Где лежат все вершины вписанного треугольника? 6) Где лежит центр окружности, описанной около прямоугольного треугольника? 7) Где в подобных треугольниках лежат равные углы?

Задание 2. Дополните предложения. Выберите правильный вариант.

1) основание 2) боковые стороны 3) высота 4) медиана
5) средняя линия 6) биссектриса

1. ... опущена под прямым углом из вершины треугольника на прямую, содержащую противоположную сторону.
2. В равнобедренном треугольнике ... равны.
3. ... делит угол на два равных угла.
4. В равнобедренном треугольнике ... — это сторона, не равная двум другим сторонам.
5. ... параллельна одной из сторон треугольника.
6. ... равнобедренного треугольника, опущенная на основание, является также биссектрисой и медианой.
7. ... делит сторону треугольника пополам.
8. ... делит две стороны треугольника пополам.

Задание 3. Составьте определения понятий, которые встречаются в тексте. Выберите правильный вариант окончания фразы.

1. Треугольник — это геометрическая **фигура**, ...
2. Равнобедренный треугольник — это **треугольник**, ...
3. Равносторонний треугольник — это **треугольник**, ...
4. Прямоугольный треугольник — это **треугольник**, ...
5. Треугольник, вписанный в окружность, — это **треугольник**, ...
6. Треугольник, описанный около окружности, — это **треугольник**, ...
7. Катеты — это **две стороны** прямоугольного треугольника, ...
8. Гипотенуза — это **сторона** прямоугольного треугольника, ...
9. Высота треугольника — это отрезок **прямой**, ...
10. Медиана треугольника — это отрезок **прямой**, ...
11. Биссектриса треугольника — это отрезок **прямой**, ...
12. Средняя линия треугольника — это отрезок **прямой**, ...

1) *у которого* один угол прямой
2) *который* соединяет вершину треугольника с серединой противоположной стороны
3) стороны *которого* касаются окружности
4) *которая* делит угол треугольника пополам
5) *которая* состоит из трёх точек, не лежащих на одной прямой, и трёх отрезков, соединяющих эти точки
6) *которая* опущена из вершины угла на противоположную сторону под прямым углом
7) *которые* образуют прямой угол, все вершины которого лежат на окружности
8) *которая* делит две стороны треугольника пополам и параллельна третьей стороне
9) *у которого* все стороны равны
10) *которая* противолежит прямому углу

11) *которая* параллельна основанию
12) *у которого* две боковые стороны равны
13) *которая* является основанием

Задание 4. Укажите свойства геометрических фигур и их элементов.

а) Выберите правильный вариант условия, при котором справедливо каждое утверждение.

1. Если треугольник равнобедренный, ...
2. Если треугольник равносторонний, ...
3. Если треугольник прямоугольный, ...
4. Если треугольники равны, ...
5. Если треугольники подобны, ...
6. Если около треугольника описана окружность, ...
7. Если в треугольник вписана окружность, ...

1) то три стороны одного треугольника равны трём сторонам другого треугольника
2) то все стороны треугольника касаются этой окружности
3) то стороны одного треугольника пропорциональны соответственным сторонам другого треугольника, а углы между этими сторонами равны
4) то его основанием является сторона, не равная двум другим сторонам
5) ... то все вершины этого треугольника лежат на окружности
6) ... то все высоты этого треугольника являются также медианами и биссектрисами
7) ... то диаметр описанной около него окружности равен длине гипотенузы
8) ... то высота, опущенная на его основание, является одновременно медианой и биссектрисой
9) ... то центры вписанной в него и описанной около него окружностей совпадают
10) ... то две стороны одного треугольника равны двум сторонам другого треугольника, и углы между этими сторонами равны
11) ... то в нём углы при основании равны
12) ... то два угла одного треугольника равны двум углам другого треугольника

б) Запишите все утверждения, которые вытекают из каждого условия.

О б р а з е ц : *Если* треугольник равнобедренный, *то* а)...; б)... .

Задание 5. Расскажите о треугольниках. Дополните предложения.

Треугольник — это многоугольник, который ...
Сумма внешнего и внутреннего углов треугольника равна ...
Биссектриса треугольника — это линия, ...
Медиана треугольника — это линия, ...
Высота треугольника — это линия, ...

Средняя линия треугольника параллельна ... и делит две другие стороны ...

Сумма длин всех сторон треугольника называется ...

Площадь треугольника обозначается ...

Через *R* обозначается радиус окружности, ... , буквой *r* обозначается радиус окружности, ...

Вершины вписанного в окружность треугольника лежат ... , а стороны описанного около окружности треугольника ...

Треугольники бывают ...

Равнобедренный треугольник — это треугольник, ...

В равнобедренном треугольнике ... равны, а высота, опущенная на основание, является одновременно ...

Равносторонним называется треугольник, все стороны ...

В равностороннем треугольнике все ... равны, а все высоты являются одновременно ...

Центры вписанной в равносторонний треугольник и описанной около него окружностей ...

Прямоугольный треугольник — это такой треугольник, в котором ...

Стороны прямоугольного треугольника называются ...

По теореме Пифагора, квадрат длины гипотенузы равен сумме ...

Центр описанной около прямоугольного треугольника окружности лежит ...

Функции $\sin\alpha$, $\cos\alpha$ называются ... угла α.

Треугольники подобны, если стороны одного треугольника ..., а углы между пропорциональными сторонами ...

ТЕМА 3
Многоугольники

Простая замкнутая ломаная линия вместе со своей внутренней областью называется *многоугольником*.

Многоугольники носят название по числу своих углов: треугольники, четырёхугольники, пятиугольники и т. д.

Многоугольник называется *правильным*, если все его стороны равны и все внутренние углы также равны между собой.

1. *Параллелограмм*

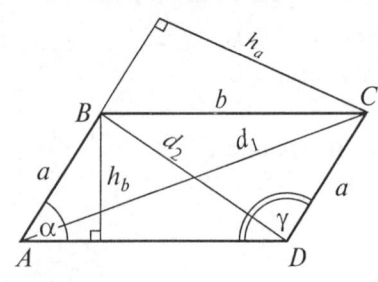

Четырёхугольник, противоположные стороны которого попарно равны и параллельны, называется *параллелограммом*.

a, *b* — *смежные* стороны параллелограмма.

h_a, h_b — высоты параллелограмма, опущенные под прямым углом из вершин параллелограмма на прямые, содержащие стороны параллелограмма *a*, *b*.

d_1, d_2 — *диагонали* параллелограмма, соединяющие противоположные вершины параллелограмма.

Диагонали параллелограмма делятся точкой пересечения пополам. Середина диагонали параллелограмма является его *центром симметрии*.

Сумма четырёх внутренних углов параллелограмма равна 2π, т. е. $360°$.

$\angle BAD$, $\angle BCD$ — противоположные углы параллелограмма.

$\angle \alpha$, $\angle \gamma$ — углы параллелограмма, прилежащие к одной стороне.

$\angle \alpha + \angle \gamma = 180°$

$\angle \alpha_1$, $\angle \beta_1$ — накрест лежащие углы. $\angle \alpha_1 = \angle \beta_1$

$\angle o_1$, $\angle o_2$ — вертикальные углы. $\angle o_1 = \angle o_2$

S — площадь параллелограмма. $S = ah_a$, $S = bh_b$, $S = ab\sin\alpha$

Ромб

Параллелограмм, все стороны которого равны, называется *ромбом*.

d_1, d_2 — *диагонали* ромба.

Диагонали ромба взаимно перпендикулярны. $d_1 \perp d_2$

Диагонали ромба являются биссектрисами его углов.

Прямая, содержащая диагональ ромба, является его осью симметрии.

S — площадь ромба. $S = a^2\sin\alpha$, $S = 1/2\, d_1 d_2$

2. Прямоугольник

Параллелограмм, у которого все углы прямые, называется прямоугольником. $\angle\alpha = \angle\gamma = 90°$

d_1, d_2 — диагонали прямоугольника. $d_1 = d_2$

a, b — смежные стороны прямоугольника.

S — площадь прямоугольника. $S = ab$

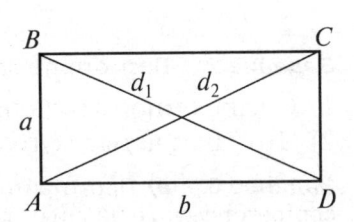

Квадрат

Прямоугольник, у которого все стороны равны, называется *квадратом*.

$\angle\alpha = \angle\gamma = 90°$

d_1, d_2 — диагонали квадрата. $d_1 = d_2$ $d_1 \perp d_2$

a — сторона квадрата.

S — площадь квадрата. $S = a^2$

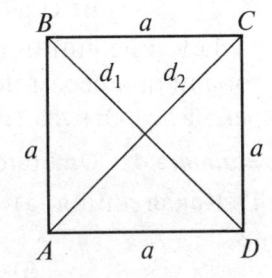

3. Трапеция

Четырёхугольник, две стороны которого параллельны, а две другие не параллельны, называется *трапецией*.

Параллельные стороны трапеции называются *основаниями*, а непараллельные — *боковыми сторонами*.

Высота трапеции — отрезок перпендикуляра к основаниям трапеции, заключённый между основаниями. $BK \perp AD$

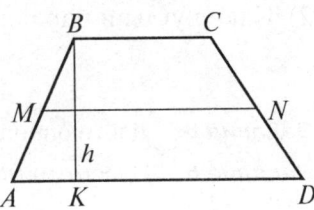

Средняя линия трапеции — отрезок, соединяющий середины боковых сторон трапеции. Средняя линия трапеции параллельна основаниям, равна их полусумме и делит высоту трапеции пополам. $MN = a + b/2$

S — площадь трапеции. $S = (a + b)/2 \times h$

Равнобокая трапеция

Трапеция, боковые стороны которой равны, называется *равнобокой* (или *равнобедренной*).

AB, CD — боковые стороны равнобокой трапеции. $AB = CD$

$\angle \alpha$, $\angle \gamma$ — углы, прилежащие к основанию. $\angle \alpha = \angle \gamma$

d_1, d_2 — диагонали равнобокой трапеции. $d_1 = d_2$

А

Задание 1. Продолжите высказывание о том, как называются многоугольники в зависимости от числа углов.

Многоугольник, который имеет 3 угла, — это ... (треугольник).
4 угла, — это ...
5 углов, — это ...
6 углов, — это ...
7 углов, — это ...

Задание 2. Посмотрите на чертежи в тексте. Ответьте на вопросы.

1) О каких многоугольниках идёт речь в тексте?
2) Что такое четырёхугольник?

Задание 3. а) Прочитайте абзац 1 и посмотрите чертежи к нему. Покажите на чертеже соответствующие линии и углы.

б) Ответьте на вопросы. Приведите примеры.

1) Какие линии важны в четырёхугольнике? 2) Какие углы образуют диагонали при своём пересечении и при пересечении со сторонами параллелограмма? 3) Откуда (и куда) опущена высота четырёхугольника?

Задание 4. Ответьте на вопросы.

1) Какая линия а) опущена под прямым углом из вершины четырёхугольника на его сторону или на прямую, содержащую его сторону?
б) соединяет противоположные вершины четырёхугольника?

2) Какие углы в параллелограмме а) равны?
б) составляют в сумме 180°?
в) составляют в сумме 360°?

Задание 5. Дайте определение, что такое высота, диагональ четырёхугольника.

Задание 6. Просмотрите весь текст. Ответьте на вопрос: *Какие бывают четырёхугольники?*

Задание 7. Ответьте на вопросы, используя формулы, данные в тексте.

В каких четырёхугольниках
1) все противоположные стороны параллельны друг другу?
2) только две противоположные стороны параллельны друг другу?
3) противоположные стороны равны и параллельны?
4) все стороны равны?
5) все углы прямые?
6) диагонали взаимно перпендикулярны?
7) диагонали в точке пересечения делятся пополам?
8) есть средняя линия?
9) сторона является одновременно и высотой?
10) все стороны равны и все внутренние углы равны друг другу?

Задание 8. Поговорим о трапеции. Продолжите высказывания.
1. В трапеции верхнее и нижнее основания ...
2. Основания трапеции параллельны, но ...
3. Средняя линия трапеции делит боковые стороны и ...
4. Средняя линия трапеции параллельна ...
5. Средняя линия трапеции равна половине ...
6. В равнобокой трапеции боковые стороны ..., диагонали ..., углы, прилежащие к одному основанию, ...

Задание 9. Ответьте на вопросы. Используйте в ответах модели типа:

∥ *что* **отличается** *от чего тем, что* ... ; *что и что* **похоже** *тем, что* ...

1) Чем похожи а) прямоугольник и квадрат?
   б) ромб и квадрат?
   в) параллелограмм и ромб, прямоугольник, квадрат?
   г) трапеция и равнобокая трапеция?

2) Чем отличается а) прямоугольник от параллелограмма?
   б) ромб от параллелограмма?
   в) квадрат от параллелограмма?
   г) квадрат от ромба?
   д) равнобокая трапеция от трапеции?
   е) трапеция от параллелограмма?

Задание 10. Дайте определение каждого типа четырёхугольника, используя различные варианты.

Например: Квадрат — это *четырёхугольник*, у которого ...
Квадрат — это *параллелограмм*, в котором ...
Квадрат — это *ромб*, стороны которого ...
Квадрат — это *прямоугольник*, у которого ...

Задание 11. Расскажите о каждом типе четырёхугольника:
а) дайте **определение** данного четырёхугольника;
б) охарактеризуйте его **свойства**.

Задание 12. Ответьте на вопросы.

1. Какие многоугольники называются *правильными*?
2. Какие известные вам многоугольники можно назвать правильными? Почему?

Б

Задание 1. От данных глаголов образуйте пассивные причастия прошедшего времени. **Обратите внимание**, что эти причастия образуются только от переходных глаголов совершенного вида.

1) опис**А**ть — опис**АНН**ый
   доказать
   вписать
   образовать
   задать

2) реш**И**ть — реш**ЁНН**ый
   построить
   разделить
   соединить
   вычислить
   получить
   ограничить
   заключить
   расположить
   усечь
   опу**ст**ить (**ст-щ**)
   прове**ст**и (**ст-д**)
   изобра**з**ить (**з-ж**)
   най**т**и (**т-д**)

Задание 2. Скажите, что получается в результате данного действия. Образуйте от глаголов пассивные причастия прошедшего времени. **Обратите внимание**, что полные причастия являются определениями к существительному, отвечают на вопросы **какой? какая? какое? какие?** и изменяются по падежам, как прилагательные.

а) Образец: *впис**А**ть* окружность в треугольник —
окружность, *впис**АНН**ая* в треугольник

Доказать теорему, описать окружность около прямоугольного треугольника.

б) Образец: *реш**И**ть* задачу — *реш**ЁНН**ая* задача

Разделить угол на три равных угла, построить треугольник по трём медианам, опустить перпендикуляр на сторону AC, построить фигуру, ограничить отрезок точками A и B, изобразить на плоскости кривую линию, усечь пирамиду, вычислить по формуле площадь квадрата, провести общую касательную к двум окружностям, задать направление лучом AB, соединить две точки окружности друг с другом.

Задание 3. Дополните предложения. Используйте полученные в **задании 2** словосочетания в нужной форме.

1) С помощью линейки нельзя построить угол, ...
2) Две точки окружности, ... , образуют хорду.

3) Нельзя построить общую касательную, ... , если одна окружность полностью содержится в другой.
4) Центр окружности, ... , лежит на середине гипотенузы.
5) Длина отрезка, ..., обозначается $|AB|$.
6) Данную кривую линию, ... , называют параболой.
7) Если сторона *AC* является основанием равнобедренного треугольника, то перпендикуляр, ... , делит её пополам.

Сравните:

(субъект)   (определение)   (предикат)
1. Окружность, впиcа**ННАЯ** в треугольник, касается его сторон.

(субъект)   (предикат)
2. Окружность впиcа**НА** в треугольник.

Задание 4. Сообщите, что действие закончено, результат получен. Образуйте краткие формы пассивных причастий прошедшего времени. **Обратите внимание**, что от существительных зависит род и число кратких причастий, но они не изменяются по падежам.

О б р а з е ц: Решим пример. — Пример реш**ёН**.
Решим задачу. — Задача реше**нА**.
Решим уравнение. — Уравнение реше**нО**.
Решим задачи. — Задачи реше**нЫ**.

1) Разделим угол α пополам. 2) Построим треугольник по трём сторонам. 3) Опустим перпендикуляр из точки *O* на прямую. 4) Докажем теорему. 5) Построим равнобокую трапецию. 6) Опишем окружность около данного треугольника. 7) Проведём среднюю линию трапеции. 8) Ограничим часть плоскости окружностью. 9) Выразим величину угла в радианах. 10) Построим сечение призмы. 11) Докажем подобие двух треугольников. 12) Построим углы, равные 60° и 30°.

Задание 5. Дайте *а)* краткие и *б)* полные ответы на вопросы.

О б р а з е ц: **Как** называется параллелограмм, все стороны которого равны? —
а) **Ромбом**.
б) Параллелограмм, все стороны которого равны, называется **ромбом**.

1) Как называется прямоугольник, у которого все стороны равны? 2) Как называются параллельные стороны трапеции? 3) Как называется отрезок, соединяющий середины боковых сторон трапеции? 4) Как называются отрезки, соединяющие противоположные вершины параллелограмма?

Задание 6. Дополните предложения глаголами **называться** или **являться** в нужной форме.

1) Если все стороны многоугольника равны и все внутренние углы также равны между собой, многоугольник ... правильным. 2) Квадрат ... правильным

многоугольником. 3) Четырёхугольник, противоположные стороны которого попарно равны и параллельны, ... параллелограммом. 4) Прямоугольник и ромб ... параллелограммами. 5) Трапеция, боковые стороны которой равны, ... равнобокой. 6) По условию задачи трапеция ... равнобокой. 7) Середина диагонали параллелограмма ... его центром симметрии. 8) Диагонали ромба ... биссектрисами его углов. 9) Непараллельные стороны трапеции ... боковыми сторонами.

В

Проверьте себя!

Задание 1. Дополните предложения. Выберите правильный вариант.

1) противоположные стороны   2) смежные стороны   3) диагонали   4) основания   5) боковые стороны   6) средняя линия

1. ... равнобедренной трапеции равны.
2. ... любого параллелограмма параллельны и равны.
3. ... трапеции параллельны, но не равны.
4. ... параллелограмма в точке пересечения делятся пополам.
5. ... трапеции параллельна основаниям.
6. ... ромба взаимно перпендикулярны.
7. ... прямоугольника и квадрата образуют прямые углы.
8. ... прямоугольника и квадрата равны.
9. ... делит высоту трапеции пополам.
10. Средняя линия трапеции делит ... пополам.
11. ... ромба и квадрата являются биссектрисами их углов.

Задание 2. Дополните предложения. Выберите правильный вариант.

1) внутренние углы   2) противоположные углы   3) вертикальные углы   4) накрест лежащие углы   5) углы, прилежащие к одной стороне ...   6) углы, прилежащие к одному основанию ...   7) углы, образующиеся в точке пересечения диагоналей...

1. ... параллелограмма равны.
2. ... равнобокой трапеции, равны.
3. ... четырёхугольника в сумме составляют 360°.
4. ... квадрата равны 45°.
5. ... параллелограмма, в сумме составляют 180°.
6. ... прямоугольника равны 90°.
7. ... , образующиеся в точке пересечения диагоналей параллелограмма, равны.
8. ... в ромбе, равны 90°.
9. ... правильного многоугольника равны между собой.

Задание 3. **а)** Укажите, какой формуле соответствует каждая формулировка. Выберите правильный вариант.

1) $S = a^2$ 2) $S = (a + b)/2 \times h$ 3) $S = ah_a$ 4) $S = Sd_1d_2$ 5) $S = ab\sin\alpha$ 6) $S = ab$

1. Площадь ... равна произведению смежных сторон на синус угла между ними.
2. Площадь ... равна произведению полусуммы оснований на высоту фигуры.
3. Площадь ... равна квадрату его стороны.
4. Площадь ... равна половине произведения его диагоналей.
5. Площадь ... равна произведению его смежных сторон.
6. Площадь ... равна произведению его основания на высоту.

б) Вставьте вместо точек название фигуры, о площади которой идёт речь в данной формулировке.

Задание 4. Составьте определения геометрических фигур и их элементов по их признакам. Выберите правильный вариант окончания фразы.

1. Четырёхугольник — это геометрическая **фигура**, ...
2. Параллелограмм — это **четырёхугольник**, ...
3. Ромб — это **параллелограмм**, ...
4. Прямоугольник — это **параллелограмм**, ...
5. Прямоугольник — это **четырёхугольник**, ...
6. Квадрат — это **прямоугольник**, ...
7. Квадрат — это **ромб**, ...
8. Квадрат — это **параллелограмм**, ...
9. Трапеция — это **четырёхугольник**, ...
10. Равнобокая трапеция — это **трапеция**, ...
11. Равнобокая трапеция — это **четырёхугольник**, ...
12. Правильный многоугольник — это многоугольник, ...

   1) *у которого* параллельны только две стороны
   2) *у которого* все углы прямые
   3) *у которой* боковые стороны равны
   4) *у которого* все стороны равны
   5) *которая* имеет четыре угла
   6) *у которого* две стороны параллельны, а две другие равны, но не параллельны
   7) *у которого* противоположные стороны равны и параллельны
   8) *у которого* все стороны равны и все углы прямые
   9) *у которого* все стороны равны и все внутренние углы равны
   10) *у которого* противоположные стороны равны и параллельны, и все углы прямые

Задание 5. Укажите свойства геометрических фигур и их элементов.

а) Выберите правильный вариант утверждения, которое вытекает из данного условия.

1. Если четырёхугольник является параллелограммом, ...
2. Если четырёхугольник является прямоугольником, ...

3. Если четырёхугольник является ромбом, ...
4. Если четырёхугольник является квадратом, ...
5. Если четырёхугольник является трапецией, ...
6. Если трапеция является равнобокой, ...
7. Если многоугольник правильный, ...

    1) то его диагонали делятся точкой пересечения пополам
    2) то его диагонали равны
    3) то его диагонали равны и взаимно перпендикулярны
    4) то её диагонали равны
    5) то его диагонали взаимно перпендикулярны
    6) то его диагонали являются биссектрисами внутренних углов
    7) то только его основания параллельны друг другу
    8) то углы при основании попарно равны
    9) то его противоположные углы равны
    10) то все его стороны равны
    11) то прямая, содержащая его диагональ, является его осью симметрии
    12) то её средняя линия параллельна основаниям и равна их полусумме
    13) то середина его диагонали является его центром симметрии
    14) то все его внутренние углы равны между собой

б) Запишите все утверждения, которые вытекают из каждого условия.

Образец: *Если трапеция равнобокая, то* а) её боковые стороны равны; б) её диагонали равны; в) углы при основаниях попарно равны.

Задание 6. Расскажите о четырёхугольниках. Дополните фразы.

Четырёхугольник — это многоугольник, который ...

Линия, которая соединяет противоположные вершины четырёхугольника, называется ...

Если противоположные стороны четырёхугольника параллельны и равны друг другу, он называется ...

Высота четырёхугольника опущена из ... на прямую, содержащую сторону четырёхугольника.

Диагонали параллелограмма образуют вертикальные и накрест лежащие углы, которые ... между собой.

Сумма углов параллелограмма, прилежащих к одной стороне, ...

Параллелограммами являются такие четырёхугольники, как ...

Прямоугольник — это параллелограмм, у которого ...

Ромбом называется параллелограмм, все стороны ...

Квадрат — это ромб, ... , или иначе, квадрат — это прямоугольник, ...

В прямоугольнике и в квадрате все диагонали ... , а в ромбе и в квадрате они взаимно ...

У ромба и квадрата вертикальные углы ...

Сторона квадрата является одновременно ...

В трапеции параллельны только ...

Средняя линия трапеции делит пополам ... и параллельна ...

Трапеция называется равнобокой, если ...

В равнобокой трапеции равны ... и ...

ТЕМА 4
Окружность и круг

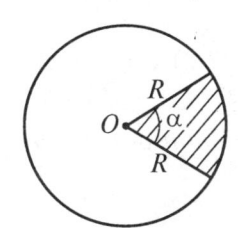

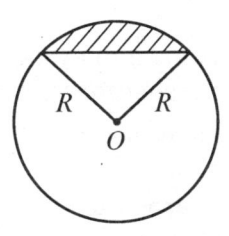

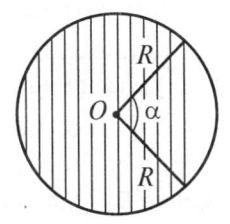

Окружностью называется множество всех точек плоскости, находящихся на заданном расстоянии (отличном от нуля) от некоторой данной точки, которая называется *центром окружности*.

Часть окружности между двумя точками этой окружности называется *дугой*.

Отрезок, соединяющий центр окружности с любой точкой окружности, называется *радиусом*.

Отрезок, соединяющий две точки окружности, называется *хордой*.

Хорда, проходящая через центр окружности, называется *диаметром*. Диаметр равен удвоенному радиусу.

O — центр окружности.

R — радиус окружности (круга).

D — диаметр окружности. $D = 2R$

AB — хорда.

C — длина окружности. $C = 2\pi R$

l — длина дуги. $l = \pi r \alpha / 180°$

Прямая, имеющая с окружностью только одну общую точку, называется *касательной* к этой окружности.

Прямая, имеющая с окружностью две общие точки, называется *секущей*.

AB — касательная.

AD, AD_1 — секущие.

Кругом называется множество всех точек плоскости, расстояние которых от некоторой данной точки (*центра круга*) не больше данного. Границей круга является окружность.

Радиус, хорда, диаметр и центр окружности являются радиусом, хордой, диаметром и центром круга, ограниченного этой окружностью.

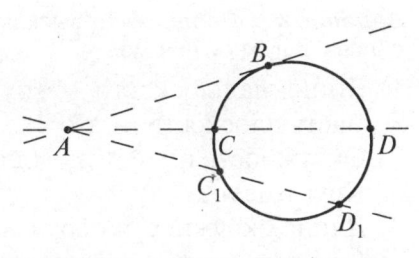

Сектором называется часть круга, ограниченная двумя его радиусами.

Сегментом называется часть круга, ограниченная хордой и стягиваемой ею дугой.

S — площадь круга. $S = \pi R^2$

$S_{сект.}$ — площадь кругового сектора. $S_{сект.} = \pi R^2 \alpha / 360°$

$S_{сегм.}$ — площадь кругового сегмента. $S_{сегм.} = \pi R^2 \alpha / 360° \pm S_\Delta$

А

Задание 1. *а)* Прочитайте текст и посмотрите чертежи к нему. Ответьте на вопросы. Приведите примеры.

1) Какие линии важны в окружности? 2) Как называется часть окружности? 3) Какие части выделяются в круге?

б) Покажите на чертежах соответствующие линии и части круга, окружности.

Задание 2. Ответьте на вопросы.

1) Какой отрезок   а) соединяет две точки окружности?

б) соединяет две точки окружности и проходит через центр окружности?

в) соединяет центр окружности с точкой на окружности?

2) Какая прямая   а) имеет одну общую точку с окружностью?

б) имеет две общие точки с окружностью?

3) Какая часть круга находится   а) между двумя радиусами и дугой окружности?

б) между хордой и дугой окружности?

4) На каком расстоянии от центра окружности/круга находится множество точек плоскости, которое называется   а) окружностью?

б) кругом?

Задание 3. Дайте определение, что такое **хорда, диаметр, радиус, круговой сектор, круговой сегмент.**

Задание 4. Продолжите высказывание. Используйте подходящий вариант, данный справа, в нужной форме.

1) Линия на плоскости — это ... .   (круг, окружность)

Часть плоскости — это ... .

2) Окружность имеет ... .   (длина, площадь)

Круг имеет ...

3) Длина окружности обозначается ... .   (буква S, буква C)

Площадь круга обозначается ... .

Задание 5. Ответьте на вопросы.

1) Что означают буквы D, R, r, l?
2) От какой величины зависит а) длина окружности? б) площадь круга?
3) От каких величин зависит а) длина дуги? б) площадь кругового сектора?

Задание 6. Посмотрите формулу площади кругового сегмента. Ответьте на вопросы.

1) Какие площади надо учитывать при определении площади кругового сегмента? 2) Как образуется данный треугольник? 3) Что является сторонами этого треугольника? 4) Чему равна, по формуле, площадь кругового сегмента? (*сумма, разность*)

Б

Задание 1. От данных глаголов образуйте активные причастия настоящего времени по образцу. **Обратите внимание**, что эти причастия образуются только от глаголов несовершенного вида.

а) О б р а з е ц: соединять — соедин*я*-ЮТ — соедин*я*-ЮЩ-**ий**

Пересекать, иметь, являться, касаться.

б) О б р а з е ц: делить — дел-ЯТ — дел-ЯЩ-**ий**

Лежать, прилежать, противолежать, находиться, содержать, содержаться, состоять, проходить.

Задание 2. Дайте характеристику геометрического объекта, используя действие, которое он производит. Образуйте от глаголов активные причастия настоящего времени.

О б р а з е ц: Луч *задаёт* направление вектора. — Это луч, *задающий* направление вектора.

1) Биссектриса делит данный угол на два равных угла. 2) Средняя линия делит боковые стороны трапеции пополам. 3) Данная прямая содержит основание треугольника. 4) Углы α и β прилежат к основанию трапеции. 5) Прямой угол противолежит гипотенузе. 6) Точка *A* лежит на окружности. 7) Диаметр проходит через центр окружности. 8) Угол α находится между катетом и гипотенузой. 9) Углы составляют в сумме 180°. 10) Хорда соединяет две точки окружности. 11) Прямая пересекает окружность в двух точках. 12) Фигура имеет два параллельных основания. 13) Два угла имеют общую сторону. 14) Медиана соединяет вершину треугольника с серединой противоположной стороны. 15) Часть круга находится между двумя радиусами и дугой окружности.

Задание 3. Дополните данные предложения. Используйте полученные в **задании 2** словосочетания в нужной форме.

1) Смежные углы — это углы, ...
2) В прямоугольном треугольнике угол, ..., равен 90°.
3) Секущая — это линия, ...
4) Диаметр — это хорда, ...
5) Смежные и дополнительные углы — это углы, ...
6) В равнобокой трапеции углы, ..., равны.
7) Трапеция — это геометрическая фигура, ..., которые не равны друг другу.
8) Хорда — это отрезок прямой, ...
9) Круговой сектор — это часть круга, ...
10) Перпендикуляр опущен из вершины треугольника на прямую, ...

11) Из вершины угла проведена прямая, ...
12) В прямоугольном треугольнике угол, ... , является острым.
13) Средняя линия трапеции, ..., равна полусумме её оснований.

Задание 4. Дайте *а)* краткие и *б)* полные ответы на вопросы.

О б р а з е ц : **Что** называется центром окружности?

а) **Точка**, на заданном расстоянии от которой находится множество всех точек окружности.

б) Центром окружности называется **точка**, на заданном расстоянии от которой находится множество всех точек окружности.

1) Что называется дугой? 2) Что называется хордой? 3) Что называется секущей? 4) Что называется кругом?

Задание 5. *а)* Прочитайте предложения. Обратите внимание на различие в употреблении моделей с глаголами *называться* и *являться*.

Хорда соединяет две точки окружности. Хорда — отрезок.
Хорда — отрезок, который соединяет две точки окружности.
Хорда является отрезком, который соединяет две точки окружности.
Хордой называется отрезок, который соединяет две точки окружности.

б) Передайте содержание данной информации, используя модели с глаголами *называться* и *являться*.

1) Диаметр — это хорда, проходящая через центр окружности. 2) Касательная — это прямая, имеющая с окружностью только одну общую точку. 3) Сектор — это часть круга, ограниченная двумя его радиусами. 4) Сегмент — это часть круга, ограниченная хордой и стягиваемой ею дугой.

Задание 6. Составьте словосочетания со словом *окружность*.

касаться *чего*
касательная *к чему*
точка касания *с чем*
иметь общую точку *с чем*

Задание 7. Дополните предложения. Выберите варианты.

1) от некоторой данной точки 2) между двумя точками 3) через точку 4) через две точки 5) с любой точкой окружности 6) две точки 7) одну общую точку 8) две общие точки

1. Диаметр проходит ..., которая является центром симметрии.
2. Касательная имеет ... с окружностью.
3. Дуга — это часть окружности ... .
4. Радиус соединяет центр окружности ... окружности.
5. Все точки окружности находятся на заданном расстоянии (отличном от нуля) ... .
6. Хорда соединяет ... окружности.

7. Секущая проходит ... окружности.
8. Секущая имеет ... с окружностью.

В

Проверьте себя!

Задание 1. Дополните предложения. Выберите правильный вариант.

1) хорда   2) радиус   3) диаметр   4) касательная   5) секущая

1. ... имеет две общие точки с окружностью.
2. ... соединяет две точки окружности и проходит через центр окружности.
3. ... соединяет две точки окружности.
4. ... имеет одну общую точку с окружностью.
5. ... соединяет центр окружности с любой точкой окружности.
6. ... и дуга являются границами сегмента круга.
7. ... перпендикулярна диаметру окружности, через конец которого она проходит.
8. ... окружности является радиусом круга, который она ограничивает.

Задание 2. Укажите, какой формуле соответствует каждая формулировка. Выберите правильный вариант.

1) $D = 2R$ 2) $C = 2\pi R$ 3) $l = \pi r\alpha / 180°$ 4) $S = \pi R^2$ 5) $S_{сект.} = \pi R^2 \alpha / 360°$ 6) $S_{сегм.} = \pi R^2 \alpha / 360° - S_\triangle$

1. Площадь круга вычисляется по формуле ... .
2. Длина диаметра окружности равна удвоенному радиусу.
3. Площадь сектора с угловой величиной дуги α вычисляется по формуле ... .
4. Длина дуги окружности с угловой величиной α вычисляется по формуле ... .
5. Площадь сегмента круга равна разности площади сектора и площади треугольника, ограниченного двумя радиусами и хордой.
6. Длина окружности вычисляется по формуле ... .
7. Длина окружности равна произведению числа π на длину диаметра.

Задание 3. Составьте определения геометрических фигур и их элементов. Выберите правильный вариант окончания фразы.

1. Окружность — это замкнутая кривая линия, которая представляет собой множество **точек**, ...
2. Радиус — это **отрезок** прямой, ...
3. Хорда — это **отрезок** прямой, ...
4. Диаметр — **хорда**, ...
5. Диаметр — это **отрезок** прямой, ...
6. Дуга окружности — это **часть** окружности, ...
7. Секущая — это **прямая**, ...
8. Касательная — это **прямая**, ...

9. Круг — это **часть** плоскости, ...
10. Круг — это множество всех **точек** плоскости, ...
11. Радиус круга — это радиус **окружности**, ...
12. Сектор — это **часть** круга, ...
13. Сегмент — это **часть** круга, ...

    1) *проходящая* через центр окружности
    2) *имеющая* одну общую точку с окружностью
    3) *ограничивающей* этот круг
    4) *лежащая* между двумя точками
    5) *находящихся* на заданном расстоянии от некоторой данной точки плоскости (центра окружности)
    6) *соединяющий* две точки окружности
    7) *имеющая* две общие точки с окружностью
    8) *ограниченная* хордой и дугой
    9) *ограниченная* окружностью
    10) *соединяющий* центр окружности с любой точкой окружности
    11) *находящихся* на расстоянии не больше данного от некоторой точки плоскости
    12) *соединяющий* две точки окружности и проходящий через её центр
    13) *ограниченная* двумя радиусами
    14) *равный* двум радиусам

Задание 4. Расскажите об окружности и круге. Дополните фразы.

Линия на плоскости называется ...

Линия, которая соединяет две точки окружности и проходит ..., называется диаметром.

Радиус — это линия, которая соединяет центр окружности ...

Диаметр окружности равен ...

Хордой называется линия, которая ...

Часть окружности между двумя точками называется ...

Длина окружности зависит ...

Длина окружности обозначается ..., а длина дуги — ...

Прямая, имеющая одну общую точку с окружностью, является ...

Прямая, имеющая две общие точки с окружностью, — это ...

Часть плоскости, ограниченная окружностью, называется ...

Площадь круга зависит ...

Часть круга между двумя радиусами и дугой окружности называется ...

Площадь кругового сектора зависит ...

🔑 Часть круга между хордой и дугой окружности — это ...

Его площадь равна сумме или разности ...

ТЕМА 5
Многогранники

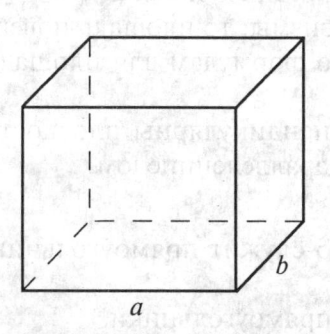

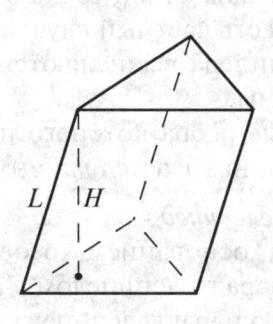

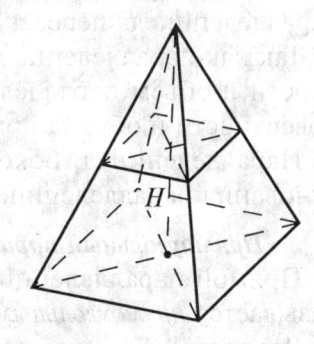

1. Призма

Многогранник, две грани которого — равные *n*-угольники, лежащие в параллельных плоскостях, а остальные *n* граней — параллелограммы, называется *n*-угольной *призмой*.

Пара равных *n*-угольников называется *основаниями* призмы. Остальные грани призмы называют её *боковыми гранями*, а их объединение называется *боковой поверхностью* призмы.

Стороны граней призмы называют *рёбрами*, а концы рёбер — это *вершины* призмы. Рёбра, не принадлежащие основанию, называются *боковыми рёбрами*.

Призма, боковые рёбра которой перпендикулярны плоскостям оснований, называется *прямой* призмой. В противном случае призма является *наклонной*.

Прямая призма, основанием которой является правильный многоугольник, называется *правильной* призмой.

Отрезок перпендикуляра к плоскостям оснований призмы, концы которого принадлежат этим плоскостям, называют *высотой* призмы.

H — высота призмы.
L — длина бокового ребра.
$S_{\text{осн.}}$ — площадь основания.
$P_{\text{сеч.}}$ — периметр сечения, перпендикулярного боковому ребру.
$S_{\text{бок. пов.}}$ — площадь боковой поверхности призмы. $S_{\text{бок. пов.}} = P_{\text{сеч.}} \times L$
$S_{\text{полн. пов.}}$ — площадь полной поверхности призмы.

$$S_{\text{полн. пов.}} = S_{\text{бок. пов.}} + 2S_{\text{осн.}}$$

V — объём призмы. $V = S_{\text{осн.}} \times H$

2. Параллелепипед

Параллелепипедом называется призма, основаниями которой являются параллелограммы.

Все шесть граней параллелепипеда — это параллелограммы. Противолежащие грани параллелепипеда равны и параллельны.

Отрезки, соединяющие вершины параллелепипеда, не принадлежащие одной и той же грани, называются *диагоналями* параллелепипеда. Все диагонали параллелепипеда пересекаются в одной точке и делятся ею пополам.

Так как параллелепипед есть частный случай призмы, то площадь поверхности и объём параллелепипеда вычисляются по формулам для площади поверхности и объёма призмы.

Параллелепипед, боковые рёбра которого перпендикулярны плоскости основания параллелепипеда, называется *прямым* параллелепипедом.

Прямоугольный параллелепипед

Прямой параллелепипед, основанием которого служит прямоугольник, называется *прямоугольным* параллелепипедом.

Все грани прямоугольного параллелепипеда — прямоугольники.

Длины трёх рёбер прямоугольного параллелепипеда, выходящих из одной вершины, называются *измерениями* прямоугольного параллелепипеда.

Все диагонали прямоугольного параллелепипеда равны.

a, b, c — рёбра (измерения) прямоугольного параллелепипеда.

V — объём прямоугольного параллелепипеда. $V = abc$

P — периметр прямоугольника, лежащего в основании.

$S_{\text{бок. пов.}}$ — площадь боковой поверхности прямоугольного параллелепипеда. $S_{\text{бок. пов.}} = PH$

Куб

Прямоугольный параллелепипед, имеющий равные измерения, называется *кубом*. Все грани куба — равные квадраты.

a — измерение (ребро) куба.

V — объём куба. $V = a^3$

3. *Пирамида*

Многогранник, одна из граней которого — произвольный многоугольник, а остальные грани — треугольники, имеющие одну общую вершину, называется *пирамидой*.

Произвольный многоугольник называется *основанием* пирамиды, а остальные грани (треугольники) называются *боковыми гранями* пирамиды.

Высотой пирамиды называется отрезок перпендикуляра, проведённый из вершины пирамиды к плоскости основания.

H — высота пирамиды.

$S_{\text{осн.}}$ — площадь основания пирамиды.

V — объём пирамиды. $V = 1/3 \, S_{\text{осн.}} \times H$

Пирамида называется *правильной*, если основанием пирамиды является правильный многоугольник, а проекция вершины на плоскость основания совпадает с центром многоугольника, лежащего в основании пирамиды.

Все боковые рёбра правильной пирамиды равны между собой. Все боковые грани правильной пирамиды — равнобедренные треугольники.

Высота боковой грани правильной пирамиды, проведённая из её вершины, называется *апофемой*. Все апофемы правильной пирамиды равны между собой.

h — апофема.

P — периметр основания пирамиды.

$S_{\text{бок. пов.}}$ — площадь боковой поверхности правильной пирамиды.
$$S_{\text{бок. пов.}} = 1/2\, P_{\text{осн.}} \times h$$

Усечённая пирамида

Многогранник, вершинами которого являются вершины основания данной пирамиды и вершины основания отсекаемой пирамиды, называется *усечённой пирамидой*.

Основания усечённой пирамиды — подобные (гомотетичные) многоугольники, а боковые грани — трапеции.

h — высота усечённой пирамиды.

S — площадь бо́льшего основания усечённой пирамиды.

s — площадь ме́ньшего основания усечённой пирамиды.

V — объём усечённой пирамиды. $\quad V = 1/3\, h \times \left(S + s + \sqrt{S \times s}\right)$

Усечённая пирамида называется *правильной*, если она является частью правильной пирамиды. Боковые грани правильной усечённой пирамиды — равные равнобедренные трапеции.

Высота каждой из этих трапеций называется *апофемой* правильной усечённой пирамиды.

P — периметр бо́льшего основания усечённой пирамиды.

p — периметр ме́ньшего основания усечённой пирамиды.

h — апофема правильной усечённой пирамиды.

$S_{\text{бок. пов.}}$ — площадь боковой поверхности правильной усечённой пирамиды. $\quad S_{\text{бок. пов.}} = 1/2\,(P + p) \times h$

A

Задание 1. Мы будем говорить о фигурах, которые изучает стереометрия. Просмотрите текст и чертежи к нему. Выберите *а)* возможные варианты ответа, *б)* наиболее точный вариант ответа на вопрос: *Какие фигуры описываются в тексте?*

а) многогранники;

б) тела вращения;

в) фигуры в пространстве (т. е. фигуры, имеющие объём).

Задание 2. Назовите, какие фигуры относятся к многогранникам?

Задание 3. *а)* Ответьте на вопросы. Приведите примеры.

1) Какие линии важны в многогранниках? 2) Какие плоскости имеет многогранник? 3) Какие величины используются для измерения многогранников? 4) Какую величину имеют тела в пространстве в отличие от тел на плоскости?

б) Просмотрите весь текст и чертежи к нему. Найдите соответствующие линии и плоскости.

Задание 4. Прочитайте каждую часть текста отдельно. По каждой части ответьте на вопросы.

1) Какие основания имеет каждая фигура? 2) Что представляют собой боковые грани каждого многогранника? 3) Какие виды этих многогранников рассматриваются в стереометрии? 4) Какие особенности имеет каждый вид данного многогранника? 5) Какие величины используются для измерения каждой фигуры? 6) Почему для определения объёма и площади поверхности параллелепипеда и призмы используются одинаковые формулы? 7) Как образуется усечённая пирамида? 8) Что такое измерения прямоугольного параллелепипеда? куба? 9) Какие многогранники имеют апофему? 10) Что такое апофема?

Задание 5. Дополните высказывание. Выберите возможные варианты из данных справа.

1. В основании
   - а) параллелепипеда
   - б) прямоугольного параллелепипеда
   - в) призмы
   - г) пирамиды
   - д) правильного многогранника

   лежит...

   1) параллелограмм
   2) прямоугольник
   3) ромб
   4) квадрат
   5) треугольник
   6) любой многоугольник
   7) равносторонний треугольник

2. Основания
   - а) параллелепипеда ... .
   - б) призмы ... .
   - в) усечённой пирамиды ... .

   1) параллельны
   2) равны
   3) подобны

3. Боковые грани
   - а) параллелепипеда — ... .
   - б) прямоугольного параллелепипеда — ... .
   - в) призмы — ... .
   - г) пирамиды — ... .
   - д) усечённой пирамиды — ... .
   - е) правильной пирамиды — ... .
   - ж) правильной усечённой пирамиды — ... .

   1) треугольники
   2) трапеции
   3) равнобокие трапеции
   4) прямоугольники
   5) равнобедренные треугольники
   6) параллелограммы

Задание 6. Ответьте на вопросы. Используйте в ответах модели типа

∥ похожи *тем, что* ... ; **отличается** *тем, что* ... .

1) Чем похожи   а) параллелепипед, призма, усечённая пирамида?
                         б) параллелепипед и призма?

2) Чем отличается а) правильный многогранник от многогранника?
                         б) прямая призма от призмы?
                         в) параллелепипед от призмы?
                         г) прямоугольный параллелепипед от параллелепипеда?
                         д) прямой параллелепипед от параллелепипеда?
                         е) пирамида от параллелепипеда и призмы?
                         ж) правильная пирамида от пирамиды?
                         з) усечённая пирамида от пирамиды?
                         и) усечённая пирамида от параллелепипеда и призмы?
                         к) правильная усечённая пирамида от усечённой пирамиды?

Задание 7. Дайте определение, что такое *правильный многогранник, параллелепипед, прямой параллелепипед, прямоугольный параллелепипед, призма, пирамида, правильная пирамида, усечённая пирамида, правильная усечённая пирамида*.

Задание 8. Дополните предложения. Выберите правильный вариант.

1. Площадь боковой поверхности
    а) призмы
    б) параллелепипеда
    в) прямоугольного параллелепипеда
    г) куба
    д) правильной пирамиды
    е) правильной усечённой пирамиды

вычисляется по формуле ... .

1) $S_{бок.\,пов.} = 1/2\, P_{осн.} h$ 2) $S_{бок.\,пов.} = P_{осн.} H$ 3) $S_{бок.\,пов.} = P_{сеч.} L$
4) $S_{бок.\,пов.} = 1/2\,(P + p)h$

2. Объём
    а) призмы
    б) параллелепипеда
    в) прямоугольного параллелепипеда
    г) куба
    д) пирамиды
    е) усечённой пирамиды

вычисляется по формуле ... .

1) $V = a^3$ 2) $V = 1/3\, h \times \left(S + s + \sqrt{S \times s}\right)$ 3) $V = S_{осн.} \times H$
4) $V = 1/3\, S_{осн.} \times H$ 5) $V = abc$

Б

Задание 1. Замените причастный оборот придаточным предложением со словом **который** по образцу. Обратите внимание, что род и число слова **который** зависит от рода и числа определяемого слова.

О б р а з е ц: а) Квадрат — это прямоугольный **параллелепипед**, *имеющий* равные измерения. — Квадрат — это прямоугольный **параллелепипед**, *который имеет* равные измерения.

б) Боковые грани пирамиды — **треугольники**, *имеющие* общую вершину. — Боковые грани пирамиды — **треугольники**, *которые имеют* общую вершину.

1) Диагонали соединяют **вершины** многогранника, *не принадлежащие* одной и той же грани.
2) **Ребро**, *не принадлежащее* основанию, называется боковым ребром.
3) Усечённая **пирамида**, *являющаяся* частью правильной пирамиды, называется правильной.
4) **Диагонали** параллелепипеда, *пересекающиеся* в одной точке, делятся этой точкой пополам.

Задание 2. Замените причастный оборот придаточным предложением со словом **который** по образцу. Обратите внимание, что падежная форма слова **который** не зависит от определяемого слова. Падежная форма слова **который** связана с функцией этого слова внутри придаточного предложения.

О б р а з е ц: Буквой *P* обозначается периметр **прямоугольника**, *лежащего* в основании прямоугольного параллелепипеда. —
Буквой *P* обозначается периметр **прямоугольника**, *который лежит* в основании прямоугольного параллелепипеда.

1) Основания призмы — равные **многоугольники**, *лежащие* в параллельных плоскостях.
2) Проекция вершины правильной пирамиды на плоскость основания совпадает с центром **многоугольника**, *лежащего* в её основании.
3) Длины трёх **рёбер** прямоугольного параллелепипеда, *выходящих* из одной вершины, называются его измерениями.

Задание 3. Замените причастный оборот придаточным предложением со словом **который** по образцу. Обращайте внимание на место определяемого слова в предложении.

а) О б р а з е ц: Параллелепипед — это **призма**. Основаниями *этой* призмы являются параллелограммы. —
Параллелепипед — это **призма**, основаниями *которой* являются параллелограммы.

1) Правильная призма — это прямая **призма**. Основанием *этой* призмы является правильный многоугольник.
2) Все грани призмы, кроме оснований, являются боковыми **гранями**. Объединение *этих граней* образует боковую поверхность призмы.

б) О б р а з е ц : Данная **призма** — это параллелепипед. Основаниями *этой* призмы являются параллелограммы. —
Данная призма, основаниями *которой* являются параллелограммы, — это параллелепипед.

1) **Перпендикуляр** к плоскостям оснований призмы называется высотой призмы. Концы *этого перпендикуляра* принадлежат этим плоскостям.
2) Данный прямой **параллелепипед** является прямоугольным параллелепипедом. Основанием *этого параллелепипеда* служит прямоугольник.

Задание 4. Продолжите высказывание. Выберите вариант с нужным порядком слов.
1. Стороны граней призмы называют ***рёбрами***. ... .
   1) Рёбра, не принадлежащие основанию, называются боковыми рёбрами
   2) Боковыми рёбрами называются рёбра, не принадлежащие основанию
2. Боковые грани правильной усечённой пирамиды — ***равные равнобедренные трапеции***. ... .
   1) Апофемой правильной усечённой пирамиды называется высота каждой из этих трапеций
   2) Высота каждой из этих трапеций называется апофемой правильной усечённой пирамиды
3. Прямоугольный параллелепипед, имеющий равные измерения, называется ***кубом***. ... .
   1) Все грани куба являются равными квадратами
   2) Равными квадратами являются все грани куба
4. Прямой параллелепипед, основанием которого служит прямоугольник, называется ***прямоугольным параллелепипедом***. ... .
   1) Прямоугольниками являются все грани прямоугольного параллелепипеда
   2) Все грани прямоугольного параллелепипеда являются прямоугольниками

Задание 5. *а)* Составьте словосочетания. *б)* Составьте предложения с полученными словосочетаниями.

иметь *что*	равные измерения, общая вершина
принадлежать *чему*	основания, эти плоскости, одна грань
называться *чем*	апофема, измерения пирамиды, прямой параллелепипед
являться *чем*	вершины многогранника, частный случай призмы
служить *чем*	основание прямого параллелепипеда, основания призмы
совпадать *с чем*	центр многоугольника
лежать *где*	параллельные плоскости, основание пирамиды
пересекаться *где*	одна точка

B

Проверьте себя!

Задание 1. Дополните предложения. Выберите правильный вариант.

1. Правильная призма — это **призма**, ...
2. Правильная пирамида — это **пирамида**, ...
3. Правильная усечённая пирамида — это **пирамида**, ...
4. Прямая призма — это **призма**, ...
5. Прямой параллелепипед — это **параллелепипед**, ...

   1) боковые рёбра *которого* перпендикулярны плоскости основания
   2) основанием *которой* является правильный многоугольник, а проекция вершины на плоскость основания совпадает с центром многоугольника, лежащего в основании
   3) *которая* является частью правильной пирамиды
   4) боковые рёбра *которой* перпендикулярны плоскости основания
   5) основанием *которой* является правильный многоугольник, а боковые рёбра перпендикулярны плоскости основания
   6) основанием *которой* является правильный многоугольник

Задание 2. Дополните предложения. Выберите правильный вариант.

1) боковые рёбра   2) боковые грани   3) все грани   4) основания
5) диагонали   6) измерения   7) апофема   8) высота

1. ... правильной усечённой пирамиды — равные равнобедренные трапеции.
2. ... — это длины трёх рёбер прямоугольного параллелепипеда, выходящих из одной вершины.
3. ... усечённой пирамиды — подобные (гомотетичные) многоугольники, параллельные друг другу.
4. ... — это отрезки, соединяющие вершины параллелепипеда, не принадлежащие одной и той же грани.
5. ... — это рёбра, не принадлежащие основанию.
6. ... — высота боковой грани правильной пирамиды, проведённая из её вершины.
7. ... прямой призмы перпендикулярны плоскостям оснований.
8. ... прямоугольного параллелепипеда — прямоугольники.
9. ... призмы равны и параллельны.
10. ... куба равны.
11. Все ... параллелепипеда пересекаются в одной точке и делятся ею пополам.
12. Все ... правильной пирамиды равны между собой.
13. ... пирамиды — это отрезок перпендикуляра, проведённый из вершины пирамиды к плоскости основания.

Задание 3. Составьте определения геометрических фигур и их элементов по их признакам. Выберите правильный вариант окончания фразы.

1. Призма — это **многогранник**, ...
2. Прямая призма — это **призма**, ...
3. Наклонная призма — это **призма**, ...
4. Параллелепипед — это **призма**, ...
5. Прямоугольный параллелепипед — это **параллелепипед**, ...
6. Куб — это прямоугольный **параллелепипед**, ...
7. Пирамида — это **многогранник**, ...
8. Усечённая пирамида — это **пирамида**, ...

    1) *который* имеет равные измерения
    2) *у которой* боковые рёбра не перпендикулярны плоскостям оснований
    3) *у которого* основание — произвольный многоугольник, а боковые грани — треугольники, имеющие одну общую вершину
    4) *у которого* основанием служит прямоугольник
    5) *у которой* боковые рёбра перпендикулярны плоскостям оснований
    6) *у которой* вершинами являются вершины основания данной пирамиды и вершины основания отсекаемой пирамиды
    7) *у которой* основаниями являются параллелограммы
    8) *у которой* основаниями являются правильные многоугольники
    9) *у которого* основания — равные *n*-угольники, лежащие в параллельных плоскостях, а боковые грани — параллелограммы

Задание 4. Укажите свойства геометрических фигур и их элементов.

О б р а з е ц : Если многогранник является кубом, то а) все его грани — равные квадраты; б) все его диагонали равны; в) все его диагонали пересекаются в одной точке и делят её пополам.

а) Выберите правильный вариант условия, при котором справедливо каждое утверждение.

1. Если многогранник является призмой, ...
2. Если призма является правильной, ...
3. Если призма прямая, ...
4. Если призма является параллелепипедом, ...
5. Если параллелепипед прямоугольный, ...
6. Если многогранник является кубом, ...
7. Если пирамида правильная, ...
8. Если пирамида усечённая, ...
9. Если усечённая пирамида является правильной, ...

    1) то её основания параллельны, но не равны
    2) то все его грани — равные квадраты
    3) то в её основании лежит правильный многоугольник
    4) то все её боковые грани — равные равнобедренные трапеции

5) то её противоположные грани равны и параллельны
6) то все его диагонали равны
7) то её боковые рёбра перпендикулярны плоскостям оснований
8) то проекция вершины на плоскость основания совпадает с центром многоугольника, лежащего в основании
9) то все его грани — прямоугольники.
10) то её основания — подобные (гомотетичные) многоугольники
11) то все её боковые грани — равные равнобедренные треугольники
12) то все его грани — параллелограммы
13) то её основания равны и параллельны
14) то все его диагонали пересекаются в одной точке и делятся ею пополам
15) то все её боковые рёбра равны между собой

б) Запишите **все** утверждения, которые вытекают из каждого условия.

Задание 5. Расскажите о многогранниках. Дополните предложения.

Стереометрия изучает фигуры ...

К таким фигурам относятся ...

В основании многогранников лежат различные ...

Если основания многогранника — произвольные равные n-угольники, лежащие в параллельных плоскостях, то такой многогранник называется ...

Призмы бывают прямые и ...

Если боковые рёбра призмы перпендикулярны к плоскостям оснований, то призма называется ...

Параллелепипед является ... призмы.

Все грани параллелепипеда являются ...

Основания и противоположные грани параллелепипеда равны и ...

Его диагонали пересекаются ... и делятся ...

Прямоугольный параллелепипед отличается от параллелепипеда тем, что ...

Все диагонали прямоугольного параллелепипеда ...

Три ребра прямоугольного параллелепипеда, выходящие из одной вершины, называются ...

Многогранник, в основании которого лежит произвольный многоугольник, а боковые грани являются треугольниками с одной общей вершиной, называется ...

В правильной пирамиде все боковые грани ..., а высота боковой грани называется ...

Боковые грани усечённой пирамиды — ... , а основания ...

В правильной усечённой пирамиде все боковые грани — ...

ТЕМА 6
Тела вращения

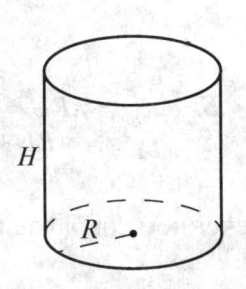

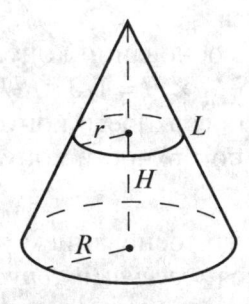

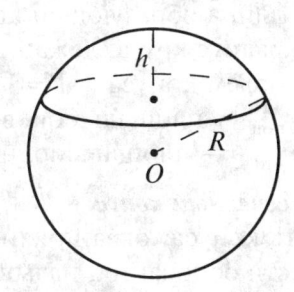

1. Цилиндр

Цилиндром называется фигура, ограниченная цилиндрической поверхностью и двумя параллельными плоскостями, пересекающими цилиндрическую поверхность.

Фигура, полученная в результате вращения стороны прямоугольника, которая противоположна стороне, принадлежащей оси вращения, называется *боковой поверхностью*.

Отрезки образующих цилиндрической поверхности между основаниями цилиндра называются *образующими* цилиндра.

Перпендикуляр к плоскостям оснований цилиндра называется *высотой* цилиндра.

Развёртка цилиндра представляет собой прямоугольник, одна сторона которого равна длине окружности основания цилиндра, а другая — высота цилиндра, и два круга, радиус которых равен радиусу цилиндра.

R — радиус основания цилиндра.

H — высота цилиндра.

V — объём цилиндра. $V = H \times S_{\text{осн.}} = \pi R^2 H$

$S_{\text{бок. пов.}}$ — площадь боковой поверхности цилиндра. $S_{\text{бок. пов.}} = 2\pi R H$

$S_{\text{полн. пов.}}$ — площадь полной поверхности цилиндра.

$$S_{\text{полн. пов.}} = 2\pi R H + 2\pi R^2$$

2. Конус

Конусом называется фигура, ограниченная конической поверхностью и пересекающей её плоскостью, не проходящей через вершину конуса.

Конус можно определить как фигуру, полученную при вращении прямоугольного треугольника вокруг оси, содержащей его катет.

Фигура, полученная при вращении гипотенузы, называется *боковой поверхностью* конуса. Гипотенуза прямоугольного треугольника называется *образующей* конуса.

Перпендикуляр, опущенный из вершины на плоскость основания, называется *высотой* конуса.

Развёртка боковой поверхности конуса является круговым сектором, а *полная поверхность* конуса представляет собой круговой сектор и круг.

H — высота конуса.

L — длина образующей конуса.

R — радиус круга, лежащего в основании конуса.

V — объём конуса. $V = 1/3\, S_{осн.} \times H = 1/3\, \pi R^2 H$

$S_{бок.\,пов.}$ — площадь боковой поверхности конуса. $S_{бок.\,пов.} = \pi R L$

$S_{полн.\,пов.}$ — площадь полной поверхности конуса. $S_{полн.\,пов.} = \pi R L + \pi R^2$

Усечённый конус

Часть конуса, ограниченная его основанием и сечением, параллельным плоскости основания, называется *усечённым конусом*.

Усечённый конус можно получить в результате вращения равнобокой трапеции вокруг её оси симметрии.

Боковая сторона равнобокой трапеции является *образующей* усечённого конуса. Круги, полученные при вращении оснований трапеции — это основания усечённого конуса.

Развёртка усечённого конуса представляет собой объединение части кругового кольца и двух кругов.

L — длина образующей.

R — радиус бо́льшего основания.

r — радиус ме́ньшего основания.

$S_{бок.\,пов.}$ — площадь боковой поверхности усечённого конуса.
$$S_{бок.\,пов.} = \pi(R+r)L$$

$S_{полн.\,пов.}$ — площадь полной поверхности усечённого конуса.
$$S_{полн.\,пов.} = \pi(R+r)L + \pi R^2 + \pi r^2$$

3. Шар

Множество всех точек пространства, находящихся от данной точки O на расстоянии не больше данного расстояния R, называется *шаром*. Данная точка O называется *центром* шара.

Шар можно получить в результате вращения полукруга вокруг оси, содержащей диаметр полукруга.

Фигура, полученная при вращении полуокружности, — это сфера. Сфера является поверхностью шара.

R — радиус шара.

V — объём шара. $V = 4/3\, \pi R^3$

S — площадь сферы. $S = 4\pi R^2$

Шаровой сегмент

Фигура, полученная при вращении кругового сегмента вокруг радиуса, перпендикулярного его хорде, называется *шаровым сегментом*.

Фигура, полученная в результате вращения дуги кругового сегмента, называется *сегментной поверхностью*, а фигура, полученная в результате вращения хорды, называется *основанием* шарового сегмента.

Отрезок радиуса, принадлежащий одновременно оси вращения и круговому сегменту, называется *высотой* шарового сегмента.

H — высота шарового сегмента.
R — радиус шара.
V — объём шарового сегмента. $V = \pi H^2 (R - 1/3\, H)$
S — площадь сферы шарового сегмента. $S_{сегм.} = 2\pi RH$

Шаровой сектор

Шаровым сектором называют фигуру, полученную при вращении кругового сектора вокруг оси, проходящей через один из его радиусов.

Дуга кругового сектора образует при этом вращении сегментную поверхность.

V — объём шарового сектора. $V = 2/3\, \pi R^2 H$
$S_{сегм.}$ — площадь поверхности шарового сегмента.
$S_{бок.пов.}$ — площадь боковой поверхности конуса.
$S_{ш.\,сект.}$ — площадь полной поверхности шарового сектора.

$S_{ш.\,сект.} = S_{сегм.} + S_{бок.\,кон.} = 2\pi RH + \pi R\sqrt{2RH - H^2} = \pi R\left(2H + \sqrt{2RH - H^2}\right)$

А

Задание 1. Просмотрите весь текст о телах вращения. Ответьте на вопросы.

1) Почему они так называются? 2) Какие фигуры относятся к телам вращения? 3) Какие линии важны в телах вращения? 4) Какие поверхности имеют тела вращения? 5) Какие величины используются для измерения тел вращения?

Задание 2. Прочитайте каждую часть текста отдельно. По каждой части ответьте на вопросы.

1) *Как* (в результате вращения какой фигуры) *образуется* данное тело вращения?
2) Какая *поверхность* в результате вращения какой линии образуется при этом?
3) Что является *осью вращения*?
4) Что является *образующей* цилиндра? конуса? усечённого конуса?
5) Что представляет собой *развёртка* цилиндра? конуса? усечённого конуса?

Задание 3. Дополните высказывание. Выберите возможные варианты из данных справа.

1. а) Цилиндр имеет ... .   1) одно основание
   б) Конус имеет ... .   2) два основания
   в) Усечённый конус имеет ... .

2. Основания
   а) цилиндра ... .   1) параллельны
   б) усечённого конуса ... .   2) равны
                                  3) не равны

47

3. Образующая

    а) цилиндра — ... .
    б) конуса — ... .
    в) усечённого конуса — ... .

    1) гипотенуза прямоугольного треугольника
    2) сторона прямоугольника
    3) боковая сторона трапеции

4. Развёртка

    а) цилиндра — ... .
    б) конуса — ... .
    в) усечённого конуса — ... .

    1) круговое кольцо и два круга
    2) прямоугольник и два круга
    3) круговой сектор и круг

Задание 4. Дополните предложения. Выберите правильный вариант.

1. Сфера — это поверхность ... .
    1) конуса 2) шара 3) шарового сегмента 4) шарового сектора

2. Сегментная поверхность образуется при вращении ... .
    1) дуги шарового сектора 2) окружности 3) полуокружности 4) полукруга

3. Сферическая поверхность получается при вращении ... .
    1) дуги шарового сектора 2) окружности 3) дуги шарового сегмента 4) полуокружности

4. Основание шарового сегмента образуется в результате вращения ... .
    1) хорды 2) радиуса 3) диаметра 4) дуги

Задание 5. Дополните предложения, используя слова, данные в справке, в нужной форме. Укажите, **вокруг чего** вращается названная фигура при образовании данного тела вращения.

1) Цилиндр образуется в результате вращения прямоугольника вокруг ... .
2) Конус образуется в результате вращения прямоугольного треугольника вокруг ... .
3) Усечённый конус образуется в результате вращения равнобокой трапеции вокруг ... .
4) Шар образуется в результате вращения полукруга вокруг ... .
5) Шаровой сегмент образуется в результате вращения кругового сегмента вокруг ... .
6) Шаровой сектор образуется в результате вращения кругового сектора вокруг ... .

Слова для справок: сторона прямоугольника, принадлежащая оси вращения; ось, содержащая его катет; ось симметрии; ось, содержащая диаметр полукруга; радиус, перпендикулярный его хорде; ось, проходящая через один из его радиусов.

Задание 6. Расскажите, чему равны объёмы и площади тел вращения. Используйте модели:

> объём ... равен произведению *чего на что*
> площадь ... равна сумме *чего и чего*

Задание 7. Просмотрите каждую из трёх частей текста и чертежи к ним. Покажите и назовите соответствующие линии, плоскости и поверхности.

Задание 8. Расскажите о каждом из тел вращения. Ответьте на вопросы.

1) Какими *поверхностями* ограничена данная фигура в пространстве?
2) *Как образуется* эта фигура?
3) Что представляет собой *развёртка* этой фигуры?
4) Как измеряется *площадь её поверхностей*?
5) Чему равен её *объём*?

Задание 9. Дайте определение, что такое **цилиндр, конус, усечённый конус, шар, шаровой сегмент, шаровой сектор**. Можно использовать для определения такие варианты:

а) ... это фигура, которая образуется в результате вращения ... *чего* вокруг ... *чего*;

б) ... это фигура, которая ограничена ... *чем*.

Б

Задание 1. а) Образуйте прилагательные от данных существительных по образцу.

О б р а з е ц: 1) Геометрия — геометрИЧЕСКий   2) Базис — базисНый

цилиндр — ...
конус — ...
сфера — ...

объём — ...
сегмент — ...

б) Ответьте на вопросы, используя образованные прилагательные.

1) Какой поверхностью ограничен а) цилиндр? б) конус?
2) Как называется поверхность а) шара? б) сегмента?

Задание 2. Назовите глаголы совершенного вида, от которых образованы данные пассивные причастия прошедшего времени.

1. полученный   1) получать   2) получить
2. опущенный   1) опускать   2) опустить
3. заключённый   1) заключать   2) заключить
4. образованный   1) образовывать 2) образовать
5. ограниченный   1) ограничивать 2) ограничить

Задание 3. Дополните предложения. Выберите правильный вариант полной формы пассивного причастия прошедшего времени. Вспомните, какие функции выполняют в предложении **полная** и **краткая** формы пассивного причастия — функцию *определения* к существительному или функцию *предиката*.

1. Высота конуса — это **перпендикуляр**, ... из вершины конуса на его основание.

1) опущенный   2) опущенная   3) опущенное   4) опущенные

2. **Отрезки** образующих цилиндрической поверхности, ... между основаниями цилиндра, называются образующими цилиндра.

    1) заключённый   2) заключённая   3) заключённое   4) заключённые

3. Шар — это **фигура**, ... в результате вращения полукруга вокруг оси, содержащей диаметр полукруга.

    1) полученный   2) полученная   3) полученное   4) полученные

4. Шаровой сегмент — это **часть** шара, ... сегментной поверхностью и плоскостью круга.

    1) ограниченный   2) ограниченная   3) ограниченное   4) ограниченные

Задание 4. Дополните предложения. Выберите правильный вариант краткой формы пассивного причастия прошедшего времени.

1. Боковая **поверхность** конуса ... при вращении гипотенузы прямоугольного треугольника.

    1) получен   2) получена   3) получено   4) получены

2. **Шар** ... сферической поверхностью.

    1) ограничен   2) ограничена   3) ограничено   4) ограничены

3. Сегментная **поверхность** ... при вращении дуги кругового сектора.

    1) образован   2) образована   3) образовано   4) образованы

4. **Основание** шарового сегмента ... в результате вращения хорды.

    1) получен   2) получена   3) получено   4) получены

Задание 5.   *а)* Составьте словосочетания.
    б) Составьте предложения с полученными словосочетаниями.

принадлежать *чему*	ось симметрии, круговой сектор
находиться *на каком расстоянии от чего*	данная точка, центр шара
проходить *через что*	радиус, вершина конуса
пересекать *что*	цилиндрическая поверхность

В

Проверьте себя!

В заданиях **1–3** составьте предложения. Выберите правильные соответствия.

Задание 1.

При вращении ...   а) полукруга   получается ... .
       б) прямоугольного треугольника
       в) кругового сегмента
       г) прямоугольника
       д) кругового сектора
       е) равнобокой трапеции

    1) цилиндр   2) конус   3) усечённый конус   4) шар   5) шаровой сегмент   6) шаровой сектор

Задание 2.

Осью вращения при образовании ...
а) цилиндра   является ... .
б) конуса
в) шара
г) усечённого конуса
д) шарового сегмента
е) шарового сектора

1) ось симметрии равнобокой трапеции   2) ось, содержащая диаметр полукруга   3) ось, проходящая через один из его радиусов   4) ось, проходящая через одну из его сторон   5) ось, содержащая катет прямоугольного треугольника   6) радиус, перпендикулярный хорде

Задание 3.

1. Коническую поверхность ...   образует при своём вращении ... .
2. Цилиндрическую поверхность
3. Сферическую поверхность
4. Сегментную поверхность
5. Боковую поверхность усечённого конуса

1) полуокружность   2) гипотенуза прямоугольного треугольника   3) дуга   4) сторона прямоугольника   5) боковая сторона трапеции

Задание 4. Расскажите о телах вращения. Дополните фразы.

Телами вращения являются фигуры, полученные в результате ... различных плоских фигур.

К телам вращения относятся: ...

Цилиндр получается в результате вращения ... вокруг ...

Цилиндр ограничен ... и двумя основаниями, которые ...

Конус образуется при вращении ... вокруг ...

Конус — это фигура, ограниченная ... и ...

Часть конуса, ограниченная основанием и сечением, которое ..., называется ...

Усечённый конус получается в результате вращения ... вокруг ...

Шар — это множество точек, которые находятся от центра шара на расстоянии, не больше ...

Шар образуется при вращении ... вокруг оси, ...

Шар имеет ... поверхность, которая получается вращением ...

Частями шара являются ...

Часть шара, которая образуется при вращении кругового сегмента, называется ...

Она ограничена ... поверхностью и ...

Часть шара, которая образуется при вращении кругового сектора, называется ...

ЧАСТЬ 2
НЕКОТОРЫЕ ПОНЯТИЯ МАТЕМАТИЧЕСКОГО АНАЛИЗА

«Всё есть число».
Пифагор,
древнегреческий
математик

Тема 1
Элементы теории множеств

1. При изучении теории вещественных чисел важным понятием являлось понятие множества. Подчеркнём, что множество мы рассматривали как начальное понятие, неопределяемое через другие. Здесь мы будем изучать множества произвольной природы, или, как говорят, абстрактные множества. Это означает, что объекты, составляющие данное множество, или, как говорят, элементы данного множества, уже не обязаны быть вещественными числами. Элементами абстрактного множества могут быть, например, функции, буквы алфавита, фигуры на плоскости и т. д.

2. В математике обычно вводят множество как совокупность объектов любой природы, обладающих определённым свойством.

3. Множества мы будем обозначать прописными буквами A, B, ... или X, Y, ... и т. п. (и тому подобное), их элементы — малыми буквами a, b, ... или x, y, ... и т. п. Утверждение «элемент a **принадлежит** множеству A» будем записывать в виде $a \in A$. Если же элемент a не **принадлежит** множеству A, то будем писать, что $a \notin A$. Если рассматриваются два произвольных множества A и B и известно, что все элементы множества B содержатся в множестве A, то B называется **подмножеством** множества A и обозначается этот факт так: $B \subset A$. При этом говорят, что множество B включается в множество A. (Заметим, что при этом возможен случай $B = A$, т. е. случай, когда каждый элемент множества B принадлежит множеству A и, наоборот, каждый элемент множества A принадлежит множеству B.)

4. В дальнейшем удобно будет рассматривать множества, являющиеся подмножествами некоторого фиксированного множества E.

5. Если множество вводится как совокупность объектов, обладающих некоторым свойством, причём оказывается, что объектов, обладающих указанным свойством, не существует, то множество называется пустым и обозначается символом $\varnothing$.

6. Таким образом, пустое множество — это множество, не содержащее ни одного элемента. Пустое множество является подмножеством любого множества.

А

Задание 1. Прочитайте заглавие текста. Скажите, о чём идёт речь в этом тексте. Используйте модель типа:

В этом тексте	**идёт речь** ... *о чём*
	говорится ...
	даётся понятие ... *чего*
	определение ...
	доказательство ...

Задание 2. Итак, определение темы текста, статьи можно найти в **заглавии**, названии **статьи, главы, параграфа.** Ответьте на вопросы, используя слова, данные справа.

1) Где всегда стоит заглавие?   начало   статья
2) Где находится подзаголовок?   середина   глава
3) Назовите заглавие данного текста.   конец   параграф
4) Сколько абзацев в данном тексте?   абзац
5) Есть у этого текста подзаголовок?   строчка
6) Где можно найти вывод?   заглавие
                                                            подзаголовок
                                                            вывод

Задание 3. Прочитайте текст. Ответьте на вопрос: *В этом тексте имеется (встречается)* **единственное** *понятие множества?*

Задание 4. Перечислите все понятия множества, которые есть в тексте (т. е. назовите все именные словосочетания со словом **множество**).

Задание 5. *а)* Просмотрите текст ещё раз. Найдите, определения **каких** из этих понятий даются в тексте.

б) Прочитайте их вслух. Обратите внимание на модель определения:

	ЧТО — (это) *ЧТО*
Если ..., то	*ЧТО* называется *ЧЕМ*

Задание 6. Ответьте на вопросы.

1) При каком условии множество *В* называется подмножеством множества *А*?
2) При каком условии множество называется пустым?

Задание 7. Прочитайте абзацы **1** и **2**. Найдите в них информацию для ответа на вопросы и прочитайте её вслух.

1) Что такое множество?
2) Что такое абстрактное множество?

Задание 8. Используя выделенную информацию и модель **что — это что**, дайте определение множества и абстрактного множества.

Задание 9. В тексте (абзац **1**) говорится, что множество рассматривается как начальное понятие. Составьте определение начального понятия.

Задание 10. Задайте друг другу вопросы с тем, чтобы получить определение понятий, данных в тексте.

Задание 11. В математике приняты определённые обозначения математических понятий. Просмотрите текст ещё раз. Найдите, как обозначаются отдельные понятия множества. Что это: **буквы**, *знаки*, *символы*?

Задание 12. Задайте друг другу вопросы о том, как обозначаются отдельные понятия множества.

Задание 13. Расскажите об элементах теории множеств:

  а) укажите, *какие понятия входят в понятие множества*;
  б) дайте *определение* каждого понятия;
  в) расскажите, какие *обозначения* приняты в математике для множеств.

Б

Задание 1. **а)** Назовите глаголы, от которых образованы причастия:

обладающий, содержащий, составляющий, являющийся, определяемый.

б) Передайте содержание данных предложений, используя модель *который + глагол настоящего времени*.

1) Это объект, *обладающий* определёнными свойствами.
2) Это объекты, *составляющие* данное множество.
3) Это множество, *являющееся* подмножеством другого множества.
4) Это множества, *содержащие* определённые элементы.
5) Это понятия, *не определяемые* через другие понятия.

в) Измените определение по образцу.

О б р а з е ц: *Данное выше* определение — определение, *которое дано* выше / определение, *которое дали* выше

1) *указанное* в задаче множество; 2) *приведённый* в тексте пример; 3) *данная* в конце статьи формулировка; 4) *перечисленные* выше свойства.

Задание 2. Выберите правильный вариант способа обозначения.

1. В математике множества будем *обозначать* ... A, B и т. д.
   1) прописные буквы 2) прописной буквой 3) прописными буквами 4) прописную букву

2. Элементы множеств *обозначают* ... a, b и т. д.
   1) малая буква 2) малой буквой 3) малые буквы 4) малыми буквами

3. Пустое множество *обозначается* ... ∅.
   1) символами 2) символом 3) символ 4) символы

4. ... *E означает* фиксированное множество.
   1) буквой   2) буквами   3) буква   4) буквы

5. ... *a ∉ A означает*, что элемент *a* не принадлежит множеству *A*.
   1) выражение   2) выражением   3) выражения   4) выражениями

Задание 3. Выберите правильный вариант вопросительного слова в вопросе.
   1) что   2) как   3) чем

1. Принадлежность элемента к множеству обозначается как *a ∈ A*. ... *обозначается* принадлежность элемента к множеству?
2. Пустое множество обозначают **символом ∅**. ... *обозначают* пустое множество?
3. Множества обычно обозначают **прописными буквами** *A*, *B* и т. д. ... обычно *обозначают* множества?
4. Малыми буквами *a*, *b* и т. д. обозначаются **элементы множества**. ... *обозначается* малыми буквами?
5. Буквой *E* обозначают **фиксированное множество**. ... *обозначают* буквой *E*?
6. **Символ ∅** *A* означает, что множество *A* не содержит ни одного элемента. ... *означает* символ ∅ *A*?

Задание 4. Используя **Приложение 1. Основные математические обозначения**, задайте друг другу вопросы о том, что означают данные символы; как обозначаются некоторые понятия, явления и отношения в математике.

В

Проверьте себя!

В заданиях **1–3** составьте предложения. Выберите правильные соответствия.

Задание 1.

1. Понятие, которое нельзя определить через другие понятия, является ... понятием.
   1) начальным   2) важным   3) математическим   4) неопределённым

2. Начальным понятием в математике является ... .
   1) абстрактное множество   2) множество   3) пустое множество   4) подмножество

3. Объекты, из которых состоит любое множество, называются ... множества.
   1) членами   2) фигурами   3) знаками   4) элементами

4. Элементами абстрактного множества могут быть ... .
   1) только вещественные числа   2) только функции   3) объекты произвольной (любой) природы   4) только фигуры на плоскости

5. Элементы каждого множества обладают ... .
   1) разными свойствами   2) определённым свойством   3) любыми свойствами   4) похожими свойствами

55

6. Любое множество — это ... объектов любой природы, которые обладают определённым свойством.

    1) сумма   2) совокупность   3) число   4) понятие

7. Если $B \subset A$, то говорят, что ... элементы подмножества B принадлежат множеству A.

    1) все   2) произвольные   3) некоторые   4) определённые

8. Если $B = A$, то говорят, что ... элемент множества B принадлежит множеству A, и, наоборот, ... элемент множества A принадлежит множеству B.

    1) один   2) каждый   3) произвольный   4) определённый

9. Если мы вводим совокупность объектов, обладающих определённым свойством, а объектов с таким свойством не существует, то данное множество является ... .

    1) абстрактным множеством   3) множеством   2) пустым множеством   4) подмножеством

10. Подмножеством любого множества является ... .

    1) любое множество   2) абстрактное множество   3) множество B 4) пустое множество

Задание 2.

    1) как $B \subset A$ 2) буквой E 3) прописными буквами A, B, ...   4) малыми буквами a, b, ...   5) знаком $\subset$ 6) символом $\varnothing$

1. Множества обозначаются ... .
2. Элементы множества обозначаются ... .
3. Подмножество B множества A обозначается ... .
4. Пустое множество обозначается ... .

Задание 3.

Запись   1. $a \in A$ означает, что ...
          2. $a \notin A$
          3. $B \subset A$
          4. $B = A$

1) все элементы множества B принадлежат множеству A.
2) элемент a не принадлежит множеству A.
3) каждый элемент множества B принадлежит множеству A, и наоборот.
4) элемент a принадлежит множеству A.
5) множество A не содержит ни одного элемента.

Задание 4. Составьте определения понятий, которые встречаются в тексте. Выберите правильный вариант окончания фразы.

а)

1. *Если* ряд объектов обладает определённым свойством, *то* совокупность этих объектов **называется** ... .

2. *Если* ряд объектов не обладает указанным свойством, *то* совокупность этих объектов **называется** ... .

3. *Если* все элементы множества *B* принадлежат множеству *A*, *то* множество *B* **называется** ... .

4. *Если* элементами множества являются не только вещественные числа, но и объекты любой природы, *то* такие множества **называются** ... .

    1) пустым множеством   2) абстрактным множеством   3) подмножеством   4) множеством   5) членом множества

б)

1. Множество — это *совокупность объектов* любой природы, ...
2. Элементы множества — **это** *объекты* с определённым признаком, ...
3. Абстрактное множество — это *множество*, ...
4. Пустое множество — это *множество*, ...
5. Подмножество — это *множество*, ...

    1) *которое* не содержит ни одного элемента
    2) *из которых* состоит множество
    3) *которые* обладают определённым свойством
    4) все элементы *которого* принадлежат другому множеству
    5) *которые* обладают любыми свойствами
    6) элементами *которого* являются объекты любой природы

Задание 5. Расскажите о множествах. Дополните предложения.

В понятие множества входят такие понятия, как ...
Множество — это ...
Элементами абстрактного множества могут быть не только ..., но и ...
Множества обозначаются ..., а их элементы — ...
Если элемент *a* не принадлежит множеству *A*, то будем записывать ...
Если ..., то *B* называется подмножеством множества *A*.
Если не существует объектов с указанным свойством, то множество ...
Пустое множество обозначается ... и является ...

ТЕМА 2

1. В настоящей главе, исходя из простейших задач механики, мы постараемся выделить основной круг понятий и проблем математического анализа.

2. Начнём наше рассмотрение с выяснения тех математических понятий, которые неизбежно возникают при описании самого простейшего вида движения — движения материальной точки вдоль прямой линии.

3. Если материальная точка движется вдоль оси Oy, а x обозначает время, отсчитываемое от некоторого начального момента, то для описания указанного движения необходимо знать правило, посредством которого каждому значению x ставится в соответствие координата y движущейся точки в момент времени x.

4. В механике такое правило называют **законом движения**.

Абстрагируясь от конкретного механического смысла переменных x и y и рассматривая в качестве x и y две совершенно произвольные переменные величины, мы придём к понятию функции, являющемуся одним из важнейших понятий математического анализа.

5. Если известно правило, посредством которого каждому значению одной переменной x ставится в соответствие определённое (единственное) значение другой переменной y, то говорят, что переменная y является **функцией** переменной x, и пишут $y = y(x)$ или $y = f(x)$.

6. При этом переменную x называют **аргументом** или **независимой переменной**, а переменную y — **функцией аргумента** x.

7. Букву f в записи $y = f(x)$ называют **характеристикой** рассматриваемой функции, а значение $y = f(x)$ называется **частным значением функции в точке** x. Совокупность всех частных значений функции принято называть **областью изменения** этой функции.

8. Отметим сразу же, что приведённая формулировка понятия функции требует уточнения, ибо в этой формулировке ничего не говорится о том, из какого множества берутся значения независимой переменной x.

9. Множество, состоящее из тех и только тех чисел, которые являются значениями независимой переменной x, при котором выражение $f(x)$ имеет смысл, обычно называют **областью определения функции**. Описание областей задания функции требует развития теории числовых множеств.

10. Отметим ещё, что понятие функции (так же, как и понятие числа, множества и переменной величины) естественно считать **начальным понятием** (т. е. таким понятием, которое можно описать, но нельзя строго определить, ибо любая попытка дать строгое определение указанного понятия неизбежно сведётся к замене определяемого понятия ему эквивалентным). Таким образом, вместо термина «определение функции» естественнее употреблять термин «понятие функции».

11. Отметим, наконец, что для обозначения аргумента функции и её характеристики могут употребляться различные буквы. Так, например, запись $x = f(t)$ обозначает, что переменная x является функцией аргумента t, причём характеристика этой функции обозначена через f. При одновременном рассмотрении нескольких функций одного аргумента t для обозначения характеристик этих функций необходимо употреблять различные символы.

А

Задание 1. В данном тексте нет заглавия. Где в таком случае можно найти ***формулировку*** темы? Очевидно, в самом начале текста, в первых абзацах текста. Прочитайте абзац **1**. Найдите в нём слово или словосочетание, которое определяет, о чём будет идти речь в тексте. (Не обращайте внимания на незнакомые слова, если это не мешает выполнить задание, определить тему текста.)

Задание 2. Итак, тема текста — «основные понятия и проблемы математического анализа». Их много. Просмотрите абзацы **2–5**. Попробуйте уточнить, какие именно понятия будут рассматриваться в данном тексте.

Задание 3. Ответьте на вопросы.

1) Описание движения материальной точки — это прежде всего **физическая** или **математическая** задача? 2) Какой раздел физики изучает это явление?

Задание 4. Прочитайте абзацы **3** и **4**. Ответьте на вопросы.

1) Что означают x и y в физической задаче описания движения материальной точки? 2) Значения x и y в физической задаче — это **конкретные** или **абстрактные** величины? 3) Что необходимо знать для описания движения материальной точки в физике? 4) Как называется необходимое правило в механике? 5) Что такое x и y в математике? 6) В математике величины x и y имеют **конкретное** или **абстрактное** значение? 7) Каким понятием обозначается зависимость абстрактных величин x и y?

Задание 5. а) Найдите в абзаце **4** ответ на вопрос: *Что такое функция?*

б) Как вы считаете, это определение или оценка понятия функции?

Задание 6. а) Просмотрите текст и найдите в нём математическое определение функции. (Обращайте внимание на шрифт.) Прочитайте его вслух.

б) Ответьте на вопросы.

1) Каким образом значению одной переменной величины ставится в соответствие значение другой переменной? 2) Когда (при каком условии) переменная y является функцией переменной x? 3) Что такое функция?

Задание 7. Просмотрите абзацы **6–9**. Найдите в тексте другие термины, связанные с понятием функции. Перечислите их.

Задание 8. Задайте друг другу вопросы с тем, чтобы получить определение понятий, данных в тексте.

Задание 9. Прочитайте абзац **10**. Ответьте на вопрос: *Здесь даётся определение или оценка понятия функции?*

Задание 10. Ответьте на вопросы.

1) Каким понятием является понятие функции? 2) Какие ещё математические понятия являются начальными? 3) Что такое начальное понятие? 4) Сравните, какой ответ на этот вопрос имеется в **теме 1** (абзац **1**). 5) Сформулируйте своё определение, что такое начальное понятие.

Задание 11. Прочитайте абзац **11**. Определите, о чём идёт речь в этом абзаце.

Задание 12. Ответьте на вопросы.

1) Как может обозначаться аргумент функции и её характеристика? 2) Как обозначаются характеристики, если один аргумент имеет несколько функций?

Задание 13. Расскажите о понятии функции:

    а) дайте *оценку* этого понятия, его роли в математическом анализе;
    б) дайте *определение* понятия функции;
    в) дайте определение *других понятий*, связанных с функцией;
    г) укажите, какие *обозначения* функции приняты в математике.

Б

Задание 1.   *а)* Назовите глаголы, от которых образованы данные причастия.

Движущийся, являющийся, рассматриваемый, отсчитываемый.

    б) Передайте содержание данных предложений, используя модель со словом **который**.

1) Это материальная точка, *движущаяся* вдоль оси *Оу*.
2) Это понятие, *являющееся* очень важным в математике.
3) Это задача, *рассматриваемая* механикой.
4) Буква *x* обозначает время, *отсчитываемое* от начальной точки движения.

Задание 2.   Определите, какое значение функции *у* соответствует определённому значению аргумента *x*, если дана функция *у* = 2*x*, а *x* = 2, 3, 4, 5, ...

О б р а з е ц: Значению аргумента *x*, равному 2, соответствует значение *у*, равное 4.

Задание 3.   *а)* Измените данные предложения по образцу.

О б р а з е ц: Модуль числа обозначим **символом** *а*. —
Модуль числа обозначим **через** *а*.

1) Обозначим данное множество буквой *М*.
2) Обозначим буквой *m* наименьший из двух номеров *n* и *k*.
3) Обозначим буквой *b* координату точки *М* на оси *Оу*.

    б) Передайте содержание данных предложений, используя конструкцию **что** обозначается **чем**.

О б р а з е ц: Для *обозначения* **модуля** числа *а используется* **символ** |*а*|. —
Модуль числа *а обозначается* **символом** |*а*|.

1) Для обозначения аргумента функции могут употребляться различные буквы.
2) Для обозначения множества используются прописные буквы.
3) Для обозначения элементов множества пользуются малыми буквами.

Задание 4.   Дополните предложения. Выберите правильный вариант обозначения **объекта** в активе (**4**) или в пассиве (**1**).

1. ... *называется* функцией.

    1) зависимая переменная величина   2) зависимой переменной величиной   3) зависимую переменную величину   4) зависимой переменной величины

2. Аргументом *называют* ... .
    1) независимая переменная величина   2) независимой переменной величиной   3) независимую переменную величину   4) независимой переменной величины

3. ... *f* в записи $y = f(x)$ *называют* характеристикой данной функции.
    1) буква   2) буквой   3) буквы   4) букву

4. Для описания движения материальной точки вдоль прямой нужно знать правило, ... *называется* законом движения.
    1) которое   2) которым   3) которого   4) которыми

Задание 5. Дополните предложения. Выберите правильный вариант называния термина.

1. Значение функции в точке x *называется* ... .
    1) частное значение функции   2) частного значения функции   3) частным значением функции   4) частному значению функции

2. Совокупность частных значений функции *принято называть* ... .
    1) область изменения функции   2) областью изменения функции   3) области изменения функции   4) областями изменения функции

3. Множество допустимых значений независимой переменной x *называют* ... .
    1) областью определения функции   2) области определения функции   3) область определения функции   4) областями определения функции

4. Зависимую переменную y *называют* ... .
    1) функция   2) функции   3) функцию   4) функцией

Задание 6. Выберите правильный вариант вопросительного слова.
    1) что   2) кого   3) как   4) чем

1. Понятие, которое нельзя строго определить, а можно только описать, называется **начальным понятием**. ... *называется* такое понятие?
2. Независимая переменная называется **аргументом**. ... *называется* независимая переменная?
3. Функцией называется **зависимая переменная величина**. ... *называется* функцией?
4. Частным значением функции называют **значение функции в точке** x. ... *называют* частным значением функции?

Задание 7. Задайте друг другу вопросы о содержании каких-либо математических терминов или о том, какой термин используется для обозначения какого-то математического явления. Помните, какой тип вопроса надо выбрать в каждом случае.

В

Проверьте себя!

Задание 1. Ответьте на вопросы. Выберите правильный вариант ответа.

1. Какой пример (из какой области знаний) используется в тексте для введения понятия функции?
   1) из математики   2) из физики   3) из химии   4) из биологии

2. При описании какой физической задачи используются здесь математические понятия?
   1) движение тела вдоль прямой линии   2) вращение тела вокруг оси Oy 3) движение материальной точки вдоль оси Oy 4) закон движения

3. Что обозначает величина x в физической задаче?
   1) координату движущейся точки   2) скорость движущейся точки   3) момент времени   4) начальный момент движения точки

4. Что обозначает величина y в физической задаче?
   1) координату движущейся точки   2) скорость движущейся точки   3) момент времени   4) начальный момент движения точки

5. Таким образом, какое значение имеют величины x и y в физической задаче?
   1) конкретное   2) абстрактное   3) произвольное   4) равное

6. Как в физике называется правило, посредством которого каждому значению x ставится в соответствие координата y движущейся точки в момент времени x?
   1) правило движения   2) функция   3) закон движения   4) зависимость

7. Какое значение имеют величины x и y в математике?
   1) конкретное   2) абстрактное   3) постоянное   4) равное

8. Каким понятием обозначается зависимость абстрактных величин x и y в математике?
   1) закон   2) правило   3) пропорция   4) функция

9. Что соответствует посредством определённого правила каждому значению переменной x?
   1) разные значения переменной y 2) одно определённое значение переменной y 3) постоянное значение y 4) несколько определённых значений переменной y

Задание 2. Определите, как в тексте называются данные математические явления. Выберите правильный вариант.

1. Независимая переменная величина x называется ... .
2. Зависимая переменная величина y называется ... .
3. Букву f в записи $y = f(x)$ называют ... .
4. Значение $y = f(x)$ называют ... .

5. Совокупность всех частных значений функции принято называть ... .
6. Множество значений независимой переменной *x*, при котором выражение $f(x)$ имеет смысл, называют ... .

    1) частным значением функции 2) областью задания функции 3) функцией 4) характеристикой функции 5) аргументом 6) областью изменения функции 7) областью определения функции

Задание 3. Назовите, как в тексте обозначаются данные математические понятия. Выберите правильный вариант.

1. Аргумент функции и её характеристики могут обозначаться ... .
2. Часто аргумент функции обозначается ... .
3. В записи $y = f(x)$ характеристику функции обозначают ... .
4. Если рассматривается несколько функций одного аргумента, характеристики этих функций обозначаются ... .

    1) через *f* 2) различными символами 3) различными буквами 4) буквой *y* 5) буквой *x*

Задание 4. Дополните предложения. Выберите правильный вариант.

1. ... не является начальным понятием.

    1) множество 2) функция 3) переменная величина 4) аргумент

2. Начальное понятие нельзя ... .

    1) дать 2) описать 3) строго определить 4) сформулировать

3. Начальное понятие можно только ... .

    1) строго определить 2) описать 3) дать 4) назвать

Задание 5. Составьте определения понятий, которые встречаются в тексте. Выберите правильный вариант.

1. Начальное понятие — это **понятие**, ...
2. Функциональная зависимость — это **зависимость**, ...
3. Характеристика функции — это **правило**, ...
4. Частное значение функции $y = f(x)$ — это **значение**, ...
5. Область задания функции — это **множество** значений независимой переменной *x*, ...
6. Область изменения функции — это совокупность **частных значений**, ...

    1) посредством *которого* каждому значению *x* ставится в соответствие определённое значение *y*
    2) *которое* функция принимает в точке *x*
    3) *при котором* выражение $f(x)$ имеет смысл
    4) *которые* может принимать функция
    5) *при которой* посредством известного правила каждому значению одной переменной *x* ставится в соответствие определённое значение другой переменной *y*

6) *которая* является зависимой переменной

7) *которое* нельзя строго определить, но можно только описать

Задание 6. Расскажите о функции. Восстановите текст.

В математическом анализе функция является ...

Понятие функции является ... , так как его можно описать, но нельзя строго ...

Если каждому значению переменной x ..., то переменная y является функцией переменной x.

Аргументом называется ...

Зависимая переменная y называется ...

Буква f в записи $y = f(x)$ называется ...

Значение $y = f(x)$ называется ...

Областью изменения функции называется ...

Областью определения функции называется ...

ТЕМА 3
Векторы

1. Пусть A и B — две различные точки плоскости. Отрезок AB, у которого точку A считают началом, а точку B — концом, называют **вектором** и обозначают $\overrightarrow{AB}$.

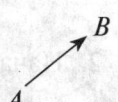

О векторе $\overrightarrow{AB}$ говорят также, что он приложен к точке A. Направление, определяемое лучом AB, называется **направлением** вектора AB, а длина отрезка AB называется **длиной** (или **модулем**) вектора $\overrightarrow{AB}$. Длина (модуль) вектора $\overrightarrow{AB}$ обозначается $|\overrightarrow{AB}|$. На чертежах вектор $\overrightarrow{AB}$ обычно изображают прямолинейной стрелкой с началом в точке A и концом в точке B.

2. Определение пространственного вектора дословно совпадает с определением вектора на плоскости, при этом лишь считают, что точки A и B — две точки пространства.

3. Пусть $\overrightarrow{AB}$ и $\overrightarrow{CD}$ — два вектора плоскости (или пространства). Говорят, что вектор $\overrightarrow{AB}$ равен вектору $\overrightarrow{CD}$, если:

1) длина отрезка AB равна длине отрезка CD;

2) лучи AB и CD одинаково направлены.

4. При таком определении равенства векторов множество всех векторов, равных вектору $\overrightarrow{AB}$, называют **свободным** вектором. Свободные векторы обычно обозначают малыми латинскими буквами: $\overline{a}, \overline{b}, \overline{c}, \overline{x}$, а их длины — соответственно $|\overline{a}|, |\overline{b}|, |\overline{c}|, |\overline{x}|$. Нулевой вектор обычно обозначают 0.

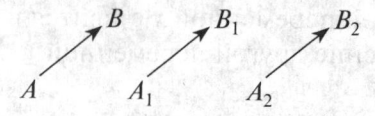

5. Свободный вектор обычно называют просто **вектором**. Множество равных между собой векторов, принадлежащих одной прямой, называется **скользящим** вектором. Наряду со свободными и скользящими векторами рассматриваются **связанные** векторы, которые характеризуются модулем, направлением и положением начальной точки, называемой **точкой приложения**. Два связанных вектора считаются **равными**, если они имеют не только равные модули, одинаковые направления, но и общую начальную точку, т. е. равные связанные векторы — это совпадающие векторы.

6. Среди всех векторов с началом в точке A имеется один вектор, длина которого равна нулю. Считается, что этот вектор начинается и кончается в точке A.

Вектор, начинающийся и кончающийся в точке A, называется **нулевым** вектором и обозначается $\overline{AA}$. Понятие направления для нулевого вектора не вводится.

7. Два ненулевых вектора называют **коллинеарными**, если их направления совпадают или противоположны. Нулевой вектор по определению считается коллинеарным любому вектору.

8. Три ненулевых вектора называются **компланарными**, если лучи, задающие их направления, принадлежат прямым, параллельным некоторой плоскости.

Если среди трёх векторов имеется хотя бы один нулевой, то такие векторы также считаются компланарными.

9. Необходимым и достаточным условием коллинеарности ненулевых векторов a и b является существование числа, удовлетворяющего равенству $b = \alpha a$.

10. Необходимым и достаточным условием компланарности трёх векторов a, b и c, заданных своими координатами в прямоугольной системе координат $Oxyz$: $a = (x_1, y_1, z_1)$, $b = (x_2, y_2, z_2)$, $c = (x_3, y_3, z_3)$, является равенство нулю определителя третьего порядка:

$$\begin{vmatrix} x_1 & y_1 & z_1 \\ x_2 & y_2 & z_2 \\ z_3 & y_3 & y_3 \end{vmatrix} = 0$$

А

Задание 1. Прочитайте абзац **1**. Найдите в нём все понятия, которые связаны с понятием вектора.

Задание 2. Ответьте на вопросы.

1) Что такое вектор? 2) Какие характеристики имеет вектор? 3) Что такое направление вектора? 4) Что такое модуль вектора? 5) Как обозначается вектор? 6) Как изображается вектор на чертеже?

Задание 3. Прочитайте абзац **2**. Ответьте на вопрос: **Одинаковы** или **различны** (совпадают или различаются) определения вектора в пространстве и на плоскости?

Задание 4. Прочитайте абзац **3**. ***а)*** Скажите, о чём идёт речь в этом абзаце.

б) Ответьте на вопросы. Используйте модели:

> *Равными называются векторы, у которых ... .*
> *Векторы называются равными, если ... .*

1) При каких условиях два вектора равны друг другу?
2) Какие векторы называются равными?

Задание 5. Прочитайте абзацы **4–8**. Перечислите, какие бывают векторы.

Задание 6. Ответьте на вопросы.

1) При каких условиях   а) два связанных вектора равны?
   б) два ненулевых вектора коллинеарны?
   в) три ненулевых вектора компланарны?

2) Являются ли нулевые векторы   а) коллинеарными?
   б) компланарными?

Задание 7. Задайте друг другу вопросы с тем, чтобы получить определение понятий, данных в тексте. В ответах используйте модели из задания **4**.

Задание 8. Прочитайте абзацы **9, 11**. Скажите, о чём идёт речь в этих абзацах?

Задание 9. Назовите необходимые и достаточные условия:

а) коллинеарности двух векторов;
б) компланарности трёх векторов.

Задание 10. Продолжите высказывания.

1) Векторы *a* и *b* коллинеарны, *тогда и только тогда, когда* ...
2) Векторы *a*, *b* и *c* с координатами $a = (x_1, y_1, z_1)$, $b = (x_2, y_2, z_2)$, $c = (x_3, y_3, z_3)$ компланарны *тогда и только тогда, когда* ...

Задание 11. а) Просмотрите текст ещё раз. Найдите все обозначения, которые приняты в математике для векторов.

б) Задайте друг другу вопросы о том, как обозначаются различные векторы.

Задание 12. Расскажите о векторах:

а) дайте *определение*, что такое вектор;
б) укажите, какие *характеристики* имеет вектор;
в) дайте *определение равенства* векторов;
г) дайте *определение различных типов* векторов;
д) расскажите, какие *обозначения* приняты в математике для векторов.

Б

Задание 1. Замените выделенные части предложений словом ***который***. Выберите нужную форму слова ***который***.

Равными считаются два связанных вектора, ...

1. **они** имеют одинаковые модули, направления и начальную точку.
2. **у них** модули, направления и начальная точка одинаковы.
3. модули, направления и начальные точки **их** одинаковы.

1) которые
2) которых
3) которая
4) у которых
5) в которых

Задание 2. Дополните предложения. Выберите слово ***который*** в нужной форме.

1. Нулевой вектор — это вектор, длина ... равна нулю.
2. Коллинеарными называются два вектора, направления ... совпадают или противоположны.
3. Свободным вектором называется множество векторов, ... равны вектору $\overline{AB}$.
4. Отрезок AB, ... точка A — начало, а точка B — конец, называют вектором $\overline{AB}$.

1) которые
2) у которого
3) которых
4) которого
5) который
6) которая

Задание 3. Дополните предложения словом ***который*** в нужной форме.

1) Направление, ... определяется лучом AB, называется направлением вектора $\overline{AB}$.
2) Два ненулевых вектора a и b являются коллинеарными, если существует число, ... удовлетворяет равенству $b = \alpha a$.
3) Скользящий вектор — это множество равных векторов, ... принадлежат одной прямой.
4) Точка приложения — это начальная точка, ... имеют связанные векторы.
5) На чертежах вектор $\overline{AB}$ изображают прямолинейной стрелкой, ... начинается в точке A и кончается в точке B.
6) Модуль — это длина, ... имеет вектор.
7) Связанные векторы характеризуются модулем, направлением и положением начальной точки, ... называют точкой приложения.

Задание 4. Дополните, *если возможно*, предложения слева. Выберите возможные варианты справа. Обращайте внимание на порядок слов. Помните, что предложения со словом ***который*** стоят сразу после определяемого слова.

1. Вектор называется нулевым, ...
2. Вектор, ..., называется нулевым.
3. Нулевым называется вектор, ...
4. Отрезок AB, ... называют вектором $\overline{AB}$.
5. Отрезок AB называют вектором $\overline{AB}$, ...
6. Вектором $\overline{AB}$ называют отрезок AB, ...

1) длина которого равна нулю
2) у которого точку A считают началом, а точку B — концом

Задание 5. Дополните предложения. Выберите все возможные варианты. Обращайте внимание на порядок слов.

1. 1) Равными называются **векторы**, ...
   2) **Векторы** называются равными, ...
      а) если их длина и направление одинаковы
      б) длина и направление которых одинаковы
      в) которые имеют одинаковую длину и направление

2. 1) Нулевым называется **вектор**, ...
   2) **Вектор** называется нулевым, ...
      а) если он начинается и кончается в точке *A*
      б) который начинается и кончается в точке *A*
      в) у которого начало и конец в точке *A*

3. 1) Два ненулевых **вектора** называются коллинеарными, ...
   2) Коллинеарными называются два ненулевых **вектора**, ...
      а) если их направления совпадают или противоположны
      б) у которых направления совпадают или противоположны
      в) которые имеют совпадающие или противоположные направления

B

Проверьте себя!

Задание 1. Дополните предложения. Выберите правильный вариант.

1. Вектор — это ... .
   1) точка   2) прямая   3) отрезок   4) плоскость

2. Вектор $\overline{AB}$ приложен ... *A*, так как она является началом вектора.
   1) к точке   2) к линии   3) к прямой   4) к плоскости

3. Точки *A* и *B* лежат ... .
   1) в пространстве   2) на плоскости   3) на окружности   4) в центре окружности

4. Направление вектора определяется ... *AB*.
   1) точкой   2) отрезком   3) прямой   4) лучом

5. Модулем вектора $\overline{AB}$ называется ... вектора.
   1) направление   2) длина   3) начало   4) конец

6. Точки *A* и *B* пространственного вектора $\overline{AB}$ лежат ... .
   1) на плоскости   2) на оси   3) на окружности   4) в пространстве

7. Определение пространственного вектора ... вектора на плоскости.
   1) не совпадает с определением   2) не похоже на определение
   3) отличается от определения   4) подобно определению

8. Нулевой вектор ... .

   1) начинается в точке *A* и кончается в точке *B*   2) начинается в точке *B*   3) начинается в точке *A*   4) начинается и кончается в точке *A*

9. У ... вектора длина равна нулю.

   1) свободного   2) скользящего   3) нулевого   4) связанного

10. Свободный вектор — это множество векторов, которые равны ... .

    1) нулю   2) вектору $\overrightarrow{AB}$ 3) любому вектору   4) разным векторам

11. Скользящий вектор — это множество векторов, которые принадлежат одной прямой и равны ... .

    1) друг другу   2) нулю   3) разным векторам   4) вектору $\overrightarrow{AB}$

12. Связанные векторы характеризуются ... .

    1) направлением   2) модулем и направлением   3) положением начальной точки   4) модулем, направлением и положением точки приложения

13. Совпадающими векторами являются ... векторы.

    1) свободные   2) связанные   3) равные связанные   4) скользящие

14. У коллинеарных векторов направления ... .

    1) не совпадают   2) совпадают   3) противоположны   4) совпадают или противоположны

15. Лучи, которые задают компланарные векторы, принадлежат прямым, параллельным ... .

    1) друг другу   2) некоторой плоскости   3) разным прямым   4) разным плоскостям

16. Коллинеарным и компланарным любому вектору считается ... вектор.

    1) свободный   2) скользящий   3) связанный   4) нулевой

Задание 2. Назовите, как в тексте обозначаются данные математические понятия. Выберите правильный вариант.

1. Вектор на чертежах ... обозначается ... .
2. Модуль вектора $\overrightarrow{AB}$ ...
3. Направление вектора ...
4. Свободный вектор ...
5. Длина свободного вектора ...
6. Нулевой вектор ...

1) так: $|\overline{a}|, |\overline{b}|, |\overline{c}|, |\overline{x}|$
2) нулём
3) малыми латинскими буквами $\overline{a}, \overline{b}, \overline{c}, \overline{x}$ ...
4) $\overrightarrow{AB}$
5) $|AB|$
6) прямолинейной стрелкой
7) *AB*.

Задание 3. Назовите необходимые и достаточные условия, при которых возможно указанное утверждение. Дополните предложения. Выберите правильный вариант.

1. Векторы равны, ...
2. Понятие направления вектора не вводится, ...

3. Два ненулевых вектора *a*, *b* коллинеарны, ...
4. Три ненулевых вектора компланарны, ...
5. Два связанных вектора равны, ...

   1) если существует число, удовлетворяющее равенству $b = \alpha a$
   2) если они имеют одинаковую длину и направление
   3) если определитель третьего порядка равен нулю
   4) если они имеют одинаковые модули, направление и общую начальную точку
   5) если множество векторов равно вектору $\overrightarrow{AB}$
   6) если длина вектора равна нулю

Задание 4. Дополните предложения. Выберите все возможные варианты. Обращайте внимание на порядок слов.

1. Равными называются векторы, ...
2. Векторы называются равными, ...
3. Нулевым называется вектор, ...
4. Вектор называется нулевым, ...
5. Два ненулевых вектора называются коллинеарными, ...
6. Коллинеарными называются два ненулевых вектора, ...

   1) который начинается и кончается в точке *A*
   2) длина и направление которых одинаковы
   3) у которых направления совпадают или противоположны
   4) если он начинается и кончается в точке *A*
   5) которые имеют одинаковую длину и направление
   6) если их длина и направление одинаковы
   7) если их направления совпадают или противоположны

Задание 5. Составьте определения понятий, которые встречаются в тексте. Выберите правильный вариант.

а)

1. Вектором $\overrightarrow{AB}$ называют **отрезок** *AB*, ...
2. Точкой приложения вектора называется **точка**, ...
3. Направление вектора $\overrightarrow{AB}$ — это **направление**, ...
4. Модулем вектора называется **длина**, ...
5. Равными называются **векторы**, ...
6. Нулевым вектором называется **вектор**, ...
7. Свободный вектор — это множество **векторов**, ...
8. Скользящий вектор — это множество равных друг другу **векторов**, ...
9. Связанные векторы — это **векторы**, ...
10. Коллинеарными называют **два** ненулевых **вектора**, ...
11. Компланарными называются **три** ненулевых **вектора**, ...

   1) *которые* характеризуются модулем, направлением и положением начальной точки
   2) длина *которого* равна нулю
   3) *которые* имеют одинаковое направление и длину

4) *у которых* задающие их лучи принадлежат прямым, параллельным некоторой плоскости
5) *у которого* точку *A* считают началом, а точку *B* — концом
6) *которое* определяется лучом *AB*
7) *которые* принадлежат одной прямой
8) *которая* является начальной точкой вектора
9) *которую* имеет вектор
10) *которые* равны между собой
11) *которые* равны вектору $\overrightarrow{AB}$.
12) *у которых* направления совпадают или противоположны

б)

1. Вектор называется **нулевым**, ...
2. Векторы являются **равными**, ...
3. Множество векторов называется **свободным вектором**, ...
4. Множество равных векторов называют **скользящим вектором**, ...
5. Вектор называется **связанным**, ...
6. Два связанных вектора считаются **равными**, или **совпадающими**, ...
7. Два ненулевых вектора являются **коллинеарными**, ...
8. Три ненулевых вектора считаются **компланарными**, ...

1) *если* они принадлежат одной прямой
2) *если* они имеют не только одинаковое направление и длину, но и общую начальную точку
3) *если* они имеют одинаковую длину и направление
4) *если* их координаты заданы в прямоугольной системе координат *Oxyz* и определитель третьего порядка равен нулю
5) *если* он начинается и кончается в точке *A*
6) *если* они характеризуются не только направлением и модулем, но и положением начальной точки
7) *если* оно определяется лучом *AB*
8) *если* существует число, которое удовлетворяет равенству $b = \alpha a$
9) *если* они равны вектору $\overrightarrow{AB}$

Задание 6. Расскажите о векторах. Дополните фразы.

Вектором $\overrightarrow{AB}$ называют отрезок *AB*, у которого ...
Каждый вектор имеет ...
Вектор, длина которого равна нулю, называется ...
Определение вектора в пространстве совпадает с определением ...
Два вектора $\overrightarrow{AB}$ и $\overrightarrow{CD}$ равны, если ...
Множество всех векторов, равных вектору $\overrightarrow{AB}$, называется ...
Множество равных векторов, принадлежащих одной прямой, называется ...
Связанные векторы характеризуются модулем, направлением и ...
Два связанных вектора являются равными, если...
Два ненулевых вектора называются коллинеарными, если ...

Нулевой вектор считается коллинеарным, ...

Три ненулевых вектора называются компланарными, если они лежат на прямых, ...

Обычно вектор обозначают ...

Нулевой вектор обозначается ...

Свободные векторы обозначаются ...

ТЕМА 4
Системы уравнений

1. Системой s **линейных алгебраических уравнений** с n неизвестными $x_1, x_2,$ ..., x_n называется система вида

$$\begin{aligned} a_{11}x_1 + a_{12}x_2 + \ldots + a_{1n}x_n &= b_1 \\ a_{21}x_1 + a_{22}x_2 + \ldots + a_{2n}x_n &= b_2 \\ &\cdots \\ a_{s1}x_1 + a_{s2}x_2 + \ldots + a_{sn}x_n &= b_s \end{aligned} \qquad (1)$$

Величины $a_{11}, a_{12}, \ldots, a_{1n}, a_{21}, a_{22}, \ldots, a_{2n}, \ldots, a_{s1}, a_{s2}, \ldots, a_{sn}$ называются **коэффициентами** линейной системы уравнений. Индексы у линейной системы означают следующее: первый индекс указывает номер уравнения системы в записи (1), второй индекс указывает номер неизвестного, при котором стоит данный коэффициент. Так, a_{25} — коэффициент, стоящий во втором уравнении системы (1) при неизвестном x_5.

2. Величины b1, b2, ..., bs называются **свободными членами** первого, второго, ..., s-го уравнений системы (1). Система уравнений (1) называется **однородной**, если все числа b_i равны нулю ($i = 1, 2, 3, \ldots, s$), и **неоднородной**, если хотя бы одно b_i отлично от нуля.

3. Систему уравнений иногда записывают, объединяя уравнения фигурной скобкой.

4. Решением системы уравнений $F1(x_1, x_2, \ldots, x_n) = 0, \ldots, F_m(x_1, x_2, \ldots, x_n) = 0$ с неизвестными $x_1, x_2, \ldots, x_n$ называется упорядоченный набор значений неизвестных, обращающих одновременно все уравнения системы в тождества. Значит, система уравнений считается решённой, если найдены все такие значения неизвестных или доказано, что не существует набора значений неизвестных, обращающих одновременно все уравнения системы в тождества. В последнем случае говорят, что система не имеет решений или что она **несовместна**.

5. Упорядоченное множество n чисел $k_1, k_2, k_3, \ldots, k_n$ называется **решением системы** (1), если при подстановке его в систему вместо неизвестных $x_1, x_2, x_3, \ldots, x_n$ все уравнения системы обращаются в тождества.

6. Система уравнений называется **совместной**, если она имеет хотя бы одно решение, и **несовместной**, если она не имеет ни одного решения.

7. Совместная система линейных уравнений называется **определённой**, если она имеет единственное решение, т. е. существует только один набор n чисел $k_1, k_2, ..., k_n$, который обращает все уравнения системы в тождества. Совместная система линейных уравнений называется **неопределённой**, если она имеет более одного решения.

8. Система однородных линейных уравнений всегда имеет нулевое решение: $x_1 = x_2 = x_3 = ... = x_n = 0$, но при этом может иметь и другие решения. Если система однородных уравнений имеет ненулевое решение $k_1, k_2, ..., k_n$ (т. е. хотя бы одно из чисел k_i ($i = 1, 2, ..., n$) отлично от нуля), то она имеет бесконечно много решений вида $lk_1, lk_2, ..., lk_n$, где l — любое число.

9. Две системы уравнений называют **равносильными**, если они имеют одно и то же множество решений. Две несовместные системы по определению считаются равносильными.

А

Задание 1. Прочитайте текст. Найдите абзацы, информация которых соответствует пунктам данного плана.

1) Вид системы уравнений.
2) Решение системы уравнений.
3) Типы систем уравнений.

Задание 2. Поговорим о том, какой вид имеет система линейных алгебраических уравнений. Прочитайте абзацы **1, 2, 3**. Найдите в них термины, связанные с описанием системы уравнений.

Задание 3. Ответьте на вопросы.

1) Как называются величины a_{11}, a_{12} и т. д.? 2) Что означает первый индекс, стоящий около коэффициента? 3) Что означает второй индекс, стоящий у коэффициента? 4) Итак, что означают индексы, стоящие при коэффициенте? Приведите примеры. 5) Как называются величины b_1, b_2 и т. д.? 6) Как записывают систему уравнений?

Задание 4. Ответьте на вопросы.

1) При каких условиях система уравнений называется а) однородной, б) неоднородной?
2) Какая система уравнений называется а) однородной, б) неоднородной?

Задание 5. Поговорим о решении уравнений. Прочитайте абзацы **4, 5**. Ответьте на вопросы.

1) Какое множество значений неизвестных называется решением системы уравнений? 2) При каком условии упорядоченное множество n чисел k_1, k_2 и т. д. называется решением системы уравнений? 3) Итак, что называется

решением уравнений? 4) При каких условиях система уравнений считается решённой?

Задание 6. Прочитайте абзацы **6–8**. Перечислите, какие бывают системы уравнений.

Задание 7. Продолжите высказывания, данные слева. Выберите все возможные варианты.

1. 1) Система уравнений называется совместной, если ... .
   2) Система уравнений называется несовместной, если ... .
      - а) она не имеет ни одного решения
      - б) она имеет хотя бы одно решение
      - в) не существует набора значений неизвестных, обращающих одновременно все уравнения в тождество

2. 1) Совместная система линейных уравнений называется определённой, если ... .
   2) Совместная система линейных уравнений называется неопределённой, если ... .
      - а) существует только один набор n чисел k_1, k_2, ..., который обращает все уравнения системы в тождества
      - б) она имеет более одного решения
      - в) она имеет единственное решение

3. Система однородных уравнений имеет бесконечно много решений, если ... .
   - а) она имеет нулевое решение
   - б) она имеет ненулевое решение
   - в) хотя бы одно из чисел k ($j = 1, 2, ... n$) отлично от нуля

Задание 8. *а)* Заполните таблицу типов систем уравнений.

Системы уравнений

признак: *значение свободных членов*   признак: *количество решений*

б) Расскажите о типах систем уравнений, используя модель

∥ *что* (1) **делится** *на что* (4) **по какому признаку**

Задание 9. Прочитайте абзац **9**. Ответьте на вопросы.

1) При каком условии две системы уравнений считаются равносильными? 2) Какие две системы уравнений считаются равносильными? 3) Почему две несовместные системы считаются равносильными? 4) Какие решения имеют две несовместные системы?

Задание 10. Ответьте на вопросы.

1) Сколько решений имеет такая система уравнений, как: а) совместная, б) несовместная, в) совместная определённая, г) совместная неопределённая, д) однородная?
2) Какие решения имеют такие две системы уравнений, как: а) равносильные, б) несовместные?

Задание 11. Дайте определение каждого типа системы уравнений. Используйте модели типа:

> *Система уравнений называется однородной, если ...*
> *Однородной называется система уравнений, которая ...*
>   *у которой ...*

Задание 12. Расскажите о системах уравнений, их решении и типах, используя план из **задания 1**.

Б

Задание 1. Дополните предложения. Выберите слово **который** в нужной форме.

    1) которая 2) которых 3) которые 4) которыми 5) в которой
    6) при котором

1. Две системы, ... являются несовместными, считаются равносильными.
2. Система однородных уравнений, ... хотя бы одно из чисел k_i ($i = 1, 2, ..., n$) отлично от нуля, имеет бесконечно много решений вида $lk_1, lk_2, ..., lk_n$, где l — любое число.
3. Однородная система уравнений содержит свободные члены, величина ... равна нулю.
4. Второй индекс указывает номер неизвестного, ... стоит данный коэффициент.

Задание 2. Дополните причастные обороты. Выберите причастие в нужной форме.

1. a_{25} — это **коэффициент**, ... во втором уравнении системы при неизвестном x_5.
    1) стоящий 2) стоящая 3) стоящие 4) стоящем
2. Упорядоченный набор **значений** неизвестных, ... одновременно все уравнения системы в тождества, называется решением системы уравнений.
    1) обращающее 2) обращающие 3) обращающих 4) обращающим
3. Фигурная **скобка**, ... уравнения, — это один из способов обозначения системы уравнений.
    1) объединяющий 2) объединяющая 3) объединяющие 4) объединяющего
4. В совместной определённой системе уравнений существует единственный набор n **чисел** $k_1, k_2, ..., k_n$, ... все уравнения системы в тождества.
    1) обращающие 2) обращающих 3) обращающее 4) обращающей

Задание 3. Замените определительные предложения со словом *который* причастным оборотом (если возможно). Выберите нужный вариант.

1. При коэффициенте в системе уравнений стоит индекс, *который* **указывает** номер уравнения и номер неизвестного.

    1) нельзя заменить 2) указывающий 3) указывающие 4) указывающим

2. Система уравнений, *в которой* хотя бы один свободный член **отличается** от нуля, является неоднородной.

    1) нельзя заменить 2) отличающийся 3) отличающейся 4) отличающаяся

3. Две системы, *которые* **имеют** одно и то же множество решений, называются равносильными.

    1) нельзя заменить 2) имеющая 3) имеющие 4) имеющее

4. Если не существует значений неизвестных, *которые* **обращают** одновременно все уравнения системы в тождества, то говорят, что система не имеет решений.

    1) нельзя заменить 2) обращающее 3) обращающие 4) обращающих

Задание 4. Дополните предложения краткими прилагательными в нужной форме. Образуйте их от полных прилагательных, данных в скобках.

1) (*равный*) В однородной системе уравнений все свободные члены ... нулю.
2) (*отличный*) В неоднородной системе уравнений хотя бы один свободный член ... от нуля.
3) (*совместный*) Система уравнений ... , если она имеет хотя бы одно решение.
4) (*равносильный*) Две несовместные системы ... по определению.

Задание 5. Передайте значение условия, используя модель простого предложения с предлогом *при*. Можете использовать с л о в а д л я с п р а в о к.

О б р а з е ц: Совместная система линейных уравнений называется определённой, *если она имеет единственное решение*. — Совместная система линейных уравнений называется определённой **при наличии единственного решения**.

1) Система уравнений считается совместной, *если она имеет хотя бы одно решение*.
2) *Если система однородных уравнений имеет ненулевое решение*, она имеет бесконечно много решений.
3) Система уравнений называется несовместной, *если она не имеет решений*.
4) Система уравнений называется однородной, *если все свободные члены равны нулю*.
5) Совместная система линейных уравнений называется неопределённой, *если она имеет более одного решения*.

С л о в а д л я с п р а в о к: наличие, отсутствие, равенство.

В

Проверьте себя!

В заданиях **1–3** дополните предложения. Выберите правильный вариант.

Задание 1.

1. Величины $a_{11}, a_{12}, ..., a_{1n}$ являются ... линейной системы уравнений.
   1) индексами   2) коэффициентами   3) номерами уравнений   4) номерами неизвестных

2. Величины $b_1, b_2, ..., b_s$ называются ... первого, второго, ..., s-го уравнений системы.
   1) индексами   2) коэффициентами   3) номерами уравнений   4) свободными членами

3. В однородной системе уравнений все свободные члены ... .
   1) равны нулю   2) не равны нулю   3) отличны от нуля   4) равны друг другу

4. В неоднородной системе уравнений хотя бы один свободный член ... .
   1) равен нулю   2) равен единице   3) не равен единице   4) не равен нулю

5. При записи системы уравнений уравнения иногда объединяют ... скобкой.
   1) фигурной   2) круглой   3) квадратной   4) прямой

6. Решение системы уравнений — это упорядоченное множество значений неизвестных, которые одновременно обращают все уравнения системы ... .
   1) в неравенство   2) в равенство   3) в тождество   4) в систему уравнений

7. Две равносильные системы уравнений имеют ... .
   1) не одно решение   2) разные решения   3) одно и то же множество решений   4) различные множества решений

8. Две ... системы уравнений по определению считаются равносильными.
   1) совместные   2) несовместные   3) определённые   4) неопределённые

Задание 2.

1. Совместная система уравнений ... .
2. Несовместная система уравнений ... .
3. Совместная определённая система уравнений ... .
4. Совместная неопределённая система уравнений ... .
5. Однородная система линейных уравнений ... .
6. Две системы равносильных уравнений ... .

1) имеет единственное решение
2) всегда имеет нулевое решение
3) имеют одно и то же множество решений
4) имеет хотя бы одно решение
5) не имеет решений
6) имеет более одного решения
7) имеет бесконечно много решений

Задание 3.

Системы уравнений можно разделить на:

1) однородные и неоднородные ... .
2) совместные и несовместные ... .
3) определённые и неопределённые... .
4) равносильные и неравносильные ... .

1) по наличию одного или более одного решения
2) по наличию или отсутствию одного и того же множества решений
3) по наличию бесконечного множества решений
4) по значению свободного члена
5) по наличию или отсутствию решений

Задание 4. Составьте определения понятий, которые встречаются в тексте. Дополните фразы. Выберите правильный вариант.

а)

1. Величины $a_{11}, a_{12}, ..., a_{1n}, ...$.
2. Номера уравнений и номера неизвестных при коэффициентах ... .
3. Величины $b_1, b_2, ..., b_s$ ... .
4. Уравнения, *объединённые* фигурной скобкой, ...
5. Две несовместные системы ... .
6. Упорядоченное множество *n* чисел, при подстановке *которых* все уравнения системы обращаются в тождество, ...
7. Система уравнений, *в которой* все свободные члены равны нулю, ...
8. Система уравнений, *в которой* хотя бы один свободный член не равен нулю, ...
9. Система уравнений, *которая* имеет хотя бы одно решение, ...
10. Система уравнений, *которая* не имеет решений, ...
11. Совместная система линейных уравнений, *которая* имеет единственное решение, ...
12. Совместная система уравнений, *которая* имеет более одного решения, ...
13. Две системы уравнений, *которые* имеют одно и то же множество решений, ...

1) называется **несовместной**
2) называют **системой** линейных алгебраических уравнений
3) называется **однородной**
4) считаются **неравносильными**
5) называют **коэффициентами** линейной системы уравнений
6) называется **неопределённой**
7) называют **свободными членами**
8) считаются **равносильными**

9) являются **системой** уравнений
10) называют **индексами**
11) называется **неоднородной**
12) называется **совместной**
13) называется **определённой**
14) называют **решением** системы уравнений

б)

1. *Если* все свободные члены уравнений равны нулю, то ... .
2. *Если* система уравнений не имеет решений, то ... .
3. *Если* при подстановке некоторого множества чисел в систему вместо неизвестных x все уравнения системы обращаются в тождество, ...
4. *Если* хотя бы один свободный член уравнений не равен нулю, то ... .
5. *Если* система имеет хотя бы одно решение, ...
6. *Если* совместная система уравнений имеет более одного решения, то ... .
7. *Если* две системы уравнений являются несовместными, то ... .
8. *Если* две системы уравнений имеют одно и то же множество решений, то ... .
9. *Если* имеется только один набор n чисел, которые обращают все уравнения совместной системы в тождества, то ... .

1) они считаются **равносильными**
2) система уравнений называется **неоднородной**
3) она называется **определённой**
4) они называются **равносильными**
5) система уравнений называется **однородной**
6) они считаются **неравносильными**
7) она называется **несовместной**
8) это множество чисел называется **решением системы уравнений**
9) она называется **неопределённой**
10) такая система уравнений называется **совместной**

Задание 5. Расскажите о системах уравнений. Дополните фразы.

Система уравнений содержит ...
Её записывают, объединяя уравнения ...
Величины типа a_{11} называются ...
Индексы при коэффициенте указывают ...
Величины типа b_{11} называются ...
В неоднородной системе уравнений хотя бы один свободный член ...
Система уравнений называется однородной ...
Если система уравнений не имеет решений, ...
Система уравнений является совместной, ...
Совместная система уравнений называется определённой, ...
Неопределённой называется совместная система, ...
Система однородных уравнений всегда ...

Если две системы уравнений имеют одно и то же решение, ...

Две несовместные системы равносильны ...

Система уравнений считается решённой, если найдено такое множество значений неизвестных, которое ...

ТЕМА 5
Матрицы

1. Прямоугольная таблица

$$\begin{Vmatrix} a_{11} & a_{12} & a_{13} & \ldots & a_{1n} \\ a_{21} & a_{22} & a_{23} & \ldots & a_{2n} \\ \ldots & \ldots & \ldots & \ldots & \ldots \\ a_{m1} & a_{m2} & a_{m3} & \ldots & a_{mn} \end{Vmatrix} \qquad (1)$$

из $m \times n$ чисел называется **матрицей** из m строк и n столбцов или **матрицей размера** $m \times n$, а также $m \times n$ — **матрицей**.

2. Числа a_{ij} ($i = 1, 2, ..., m; j = 1, 2, ..., n$) называются **элементами** матрицы; первый индекс i указывает номер строки, в которой стоит элемент матрицы, а второй индекс j — номер столбца.

Матрица (1) может обозначаться также
$\|a_{ij}\|$, $i = 1, 2, ..., m;$ $j = 1, 2, ..., n$.

Кроме того, для матриц используются обозначения

$$\begin{pmatrix} a_{11} & a_{12} & a_{13} & \ldots & a_{1n} \\ a_{21} & a_{22} & a_{23} & \ldots & a_{2n} \\ \ldots & \ldots & \ldots & \ldots & \ldots \\ a_{m1} & a_{m2} & a_{m3} & \ldots & a_{mn} \end{pmatrix} \text{ или } (a_{ij})$$

$$\begin{bmatrix} a_{11} & a_{12} & a_{13} & \ldots & a_{1n} \\ a_{21} & a_{22} & a_{23} & \ldots & a_{2n} \\ \ldots & \ldots & \ldots & \ldots & \ldots \\ a_{m1} & a_{m2} & a_{m3} & \ldots & a_{mn} \end{bmatrix} \text{ или } [a_{ij}]$$

Матрица, все элементы которой равны нулю, называется **нулевой** матрицей и обычно обозначается символом **0**.

3. Если число строк матрицы равно числу столбцов (и равно n), то матрица называется **квадратной матрицей** (порядка n).

Элементы $a_{11}, a_{22}, ..., a_{nn}$ квадратной матрицы порядка n называются **диагональными элементами**.

4. Две матрицы $\|a\|$ и $\|b\|$ называются **равными**, если они имеют равное число строк и столбцов соответственно и если равны числа, стоящие на соответственных местах $a_{ij} = b_{kl}$ при $i = k$ и $j = l$.

5. Основными арифметическими операциями над матрицами являются умножение матрицы на число, сложение и умножение матриц. Далее для краткости матрицы будем обозначать буквами A, B, ...

6. Квадратная матрица, все диагональные элементы которой равны **1**, а остальные — нули, называется **единичной** и обозначается E (или E_n, где n — её порядок, или $\|\delta_{ij}\|$, где $i, j = 1, 2, ..., n$). Символ δ_{ij} имеет специальное название — «символ Кронекера». Для любой квадратной матрицы A порядка n справедливо равенство $E_n \times A = A \times E_n = A$.

7. Матрицы $\|a_{ij}\|$ порядка n, у которых $a_{ij} = 0$ для всех $i \neq j$, т. е. матрицы вида

$$\begin{Vmatrix} a_{11} & 0 & 0 & ... & 0 \\ 0 & a_{22} & 0 & ... & 0 \\ 0 & 0 & a_{33} & ... & 0 \\ ... & ... & ... & ... & ... \\ 0 & 0 & 0 & ... & a_{mn} \end{Vmatrix}$$

называются **диагональными матрицами**. (Об элементах $a_{11}, a_{22}, ..., a_{nn}$ также говорят, что они стоят на главной диагонали.) Сумма и произведение двух диагональных матриц — также диагональные матрицы.

8. Пусть $A = \|a_{ij}\|$ — матрица размера $m \times n$:

$$A = \begin{Vmatrix} a_{11} & a_{12} & ... & a_{1n} \\ a_{21} & a_{22} & ... & a_{2n} \\ ... & ... & ... & ... \\ a_{m1} & a_{m2} & ... & a_{mn} \end{Vmatrix}$$

Матрица, получающаяся из матрицы A заменой строк столбцами, называется **транспонированной** матрицей по отношению к матрице A и обозначается A^T.

9. Квадратная матрица A называется **симметрической**, если $A^T = A$, и **кососимметрической**, если $A^T = -A$. Элементы, расположенные симметрично относительно главной диагонали, у симметрической матрицы равны, а у кососимметрической противоположны. Все диагональные элементы кососимметрической матрицы равны нулю.

А

Задание 1. Прочитайте текст. Расположите пункты плана в последовательности, соответствующей информации текста.

- (...) Квадратная матрица.
- (...) Вид матрицы.
- (...) Симметрическая и кососимметрическая матрицы.
- (...) Диагональные матрицы.

(...) Определение матрицы.
(...) Транспонированная матрица.
(...) Равенство матриц.
(...) Обозначение матрицы.
(...) Нулевая матрица.

Задание 2. Найдите, о каких ещё видах матриц говорится в тексте. Назовите их.

Задание 3. Поговорим о том, какой вид имеет матрица. Прочитайте абзацы **1**, **2**. Найдите в них термины, связанные с описанием матрицы. Ответьте на вопросы.

1) Из чего состоит матрица? 2) Как называются числа a_{11}, a_{12} и т. д.? 3) Что означает первый индекс элемента? 4) Что означает второй индекс элемента? 5) Для обозначения матрицы используется один способ? 6) Покажите, как можно записывать матрицу.

Задание 4. Прочитайте абзацы **2**, **3**, **4**. Ответьте на вопросы.

1) При каком условии матрица называется а) нулевой, б) квадратной? 2) При каком условии матрицы являются равными? 3) Как называются элементы квадратной матрицы порядка *n*? 4) Как обозначается нулевая матрица? 5) Какие арифметические операции выполняются над матрицами?

Задание 5. Прочитайте абзац **5**. Ответьте на вопросы.

1) У какой квадратной матрицы все диагональные элементы равны 1, а остальные — нулю? 2) Какая матрица называется единичной? 3) Как обозначается единичная матрица? 4) Каким специальным символом обозначается единичная матрица? 5) Какое равенство справедливо для любой квадратной матрицы? 6) Что означает это равенство?

Задание 6. Прочитайте абзац **6**. Ответьте на вопросы.

1) Какие матрицы называются диагональными? 2) На какой диагонали этой матрицы находятся элементы, не равные нулю? 3) Что представляют собой сумма и произведение двух диагональных матриц?

Задание 7. Прочитайте абзацы **7**, **8**. Ответьте на вопросы.

1) Как из матрицы *A* получается транспонированная матрица? 2) Что такое транспонированная матрица? 3) Как обозначается транспонированная матрица? 4) При каком условии квадратная матрица *A* называется а) симметрической, б) кососимметрической? 5) Какие элементы симметрической матрицы равны? 6) Какие элементы кососимметрической матрицы противоположны? 7) Какие элементы кососимметрической матрицы равны нулю? 8) Чем симметрическая матрица отличается от кососимметрической?

Задание 8. Продолжите высказывания. Выберите наиболее точный из вариантов.

1. Квадратная матрица называется ... .

   1) единичной   2) диагональной   3) транспонированной   4) симметрической   5) кососимметрической

1. , если она получается заменой строк столбцами
   2. , если у неё $a_{ij} = 0$ для всех $i \neq j$
   3. , если её элементы, симметричные главной диагонали, равны
   4. , если все её диагональные элементы равны, а элементы, симметричные главной диагонали, противоположны
   5. , если все её элементы равны нулю
   6. , если у неё все диагональные элементы равны 1, а все другие — нулю

2. 1. Сумма и произведение двух диагональных матриц — это ... .
   2. При замене строк столбцами получается ... .
   3. Элементы квадратной матрицы порядка n — это ... .
   4. «Символом Кронекера» обозначается ... .
      1) диагональные элементы   2) единичная матрица   3) диагональные матрицы   4) транспонированная матрица   5) квадратная матрица   6) равные матрицы.

3. 1. Две матрицы называются равными, ...
   2. Матрица называется нулевой, ...
   3. Матрица называется квадратной, ...
      1) если у матриц $\|a_{ij}\|$ порядка n $a_{ij} = 0$ для всех $i \neq j$
      2) если у неё число строк равно числу столбцов, и числа, стоящие на соответственных местах, тоже равны
      3) если у них число строк равно числу столбцов
      4) если все её элементы равны нулю

Задание 9. Дайте определение каждого типа матрицы.

Задание 10. Уточните план текста «Матрицы» (см. **задание 1**). Расскажите по этому плану о матрицах.

Б

Задание 1. Дополните предложения словом *который* в нужной форме.

1) Матрица, все элементы ... равны нулю, называется нулевой.
2) Матрица, ... число строк равно числу столбцов, называется квадратной.
3) «Символ Кронекера» — это символ, ... служит для обозначения единичной матрицы.
4) Элементы диагональной матрицы, ... стоят на главной диагонали, не равны нулю.
5) Единичной называется матрица, все диагональные элементы ... равны единице.

Задание 2. Дополните предложения. Используйте данные причастия в нужной форме.

1) (*имеющий*) К квадратным матрицам относятся матрицы, ... одинаковое количество строк и столбцов.
2) (*полученный, транспонированный*) Матрица, ... из матрицы A заменой строк столбцами, называется ... матрицей.

3) (*выполняемый*) Арифметическими операциями, ... над матрицами, являются умножение и сложение.

4) (*расположенный*) Равенство элементов, ... симметрично главной диагонали, — признак симметрической матрицы.

Задание 3. Дополните предложения. Выберите нужную форму краткого прилагательного или пассивного причастия прошедшего времени.

1. Все *элементы* нулевой матрицы ... нулю.
   1) равен   2) равна   3) равно   4) равны

2. *Количество* строк квадратной матрицы... количеству столбцов.
   1) равен   2) равна   3) равно   4) равны

3. *Равенство* $E_n \times A = A \times E_n = A$ ... для любой квадратной матрицы A порядка n.
   1) справедлив   2) справедлива   3) справедливо   4) справедливы

4. *Матрица* A^T ... относительно матрицы A.
   1) транспонирован   2) транспонирована   3) транспонировано   4) транспонированы

Задание 4. Дополните предложения. Выберите нужную форму полного или краткого прилагательного или пассивного причастия прошедшего времени.

1. Две *матрицы* $\|a\|$ и $\|b\|$ ... .
   1) равная   2) равны   3) равна   4) равные

2. Равные *элементы* симметрической матрицы ... симметрично относительно главной диагонали.
   1) расположен   2) расположенный   3) расположенные   4) расположены

3. ... *элементы* кососимметрической матрицы симметричны относительно главной диагонали.
   1) противоположны   2) противоположные   3) противоположная   4) противоположна

4. Транспонированная *матрица*, ... из матрицы A заменой строк столбцами, обозначается A^T.
   1) полученная   2) получена   3) получены   4) полученные

5. ... *матрицы* имеют равное количество строк и столбцов.
   1) равная   2) равна   3) равные   4) равны

6. Матрицы, *которые* ... , имеют равное число строк и столбцов и равные числа на соответственных местах.
   1) равная   2) равна   3) равные   4) равны

7. Квадратная матрица является кососимметрической, если ... *равенство* $A^T = -A$.
   1) справедливое   2) справедливо   3) справедливая   4) справедлива

8. Матрица, ... *элементы* которой находятся симметрично относительно главной диагонали, является кососимметрической.

    1) противоположные   2) противоположны   3) противоположная   4) противоположна

B

Проверьте себя!

В заданиях **1–5** дополните предложения. Выберите правильный вариант.

Задание 1.

1. Прямоугольная таблица, которая состоит ..., называется матрицей.
    1) из m строк   2) из n столбцов   3) из m строк и n столбцов   4) из диагоналей

2. Числа a_{ij} ($i = 1, 2, ..., m; j = 1, 2, ..., n$) — это ... матрицы.
    1) индексы   2) элементы   3) диагональные элементы   4) символы

3. Место элемента матрицы в строке указывает ... .
    1) индекс i 2) индекс j 3) «символ Кронекера»   4) индекс i и индекс j

4. Номер столбца, в котором стоит элемент матрицы, указывается ... .
    1) индексом i 2) индексом j 3) «символом Кронекера»   4) индексами i и j

5. Для краткости прямоугольная матрица может обозначаться ... .
    1) $\|a_{ij}\|$ 2) A^T 3) E_n 4) буквами A, B, ...

6. Диагональные элементы — это элементы $a_{11}, a_{22}, ..., a_{nn}$ ... матрицы порядка n.
    1) симметрической   2) транспонированной   3) квадратной   4) прямоугольной

7. Элементы $a_{11}, a_{22}, ..., a_{nn}$ диагональной матрицы стоят ... .
    1) на главной диагонали   2) на одной строке   3) в одном столбце   4) на диагонали

8. ... являются основными арифметическими операциями над матрицами.
    1) сложение и вычитание матриц   2) сложение и умножение матриц   3) умножение и деление матриц на число   4) умножение и вычитание матриц

9. Сумма и произведение двух диагональных матриц — это ... матрицы.
    1) квадратные   2) единичные   3) нулевые   4) диагональные

10. Транспонированная матрица получается из другой матрицы ... .
    1) умножением её на число   2) заменой элементов матрицы   3) заменой строк столбцами   4) сложением матриц

11. Элементы симметрической матрицы, которые симметричны относительно главной диагонали, ...

    1) не равны   2) равны   3) противоположны   4) равны нулю

12. Элементы кососимметрической матрицы, которые симметричны относительно главной диагонали, ...

    1) не равны   2) равны   3) противоположны   4) равны нулю

13. Диагональные элементы кососимметрической матрицы ... .

    1) не равны   2) не равны нулю   3) равны единице   4) равны нулю

Задание 2. Назовите, как в тексте обозначаются данные математические понятия.

1. Матрица может обозначаться ... .
2. Нулевая матрица обозначается ... .
3. Равенство двух матриц записывается как ... .
4. Единичную матрицу обозначают ... .
5. Матрица, транспонированная по отношению к матрице A обозначается ... .

1) нулём
2) «символом Кронекера»
3) A^T
4) $\|a_{ij}\|$
5) a_{mn}
6) $a_{ij} = b_{kl}$ при $i = k$ и $j = l$

Задание 3. Укажите признаки каждой матрицы.

1. В матрице размера $m \times n$ ... .
2. В нулевой матрице ... .
3. В квадратной матрице ... .
4. В единичной квадратной матрице ... .

1) число строк равно числу столбцов
2) все диагональные элементы равны нулю
3) элементы $a_{11}, a_{22}, ..., a_{nn}$ стоят на главной диагонали
4) имеется m строк и n столбцов
5) все элементы равны нулю

Задание 4. Укажите, в каких случаях справедливы следующие равенства.

1. Для двух равных матриц справедливо равенство ... .
2. Для квадратной единичной матрицы справедливо равенство ... .
3. Для квадратной симметрической матрицы справедливо равенство ... .
4. Для квадратной кососимметрической матрицы справедливо равенство ... .

1) $A^T = -A$
2) $a_{ij} = b_{kl}$ при $i = k$ и $j = l$
3) $A^T = A$
4) $i = 1, 2, ..., m$
5) $E_n \times A = A \times E_n = A$

Задание 5. Составьте определения понятий, которые встречаются в тексте.

    а)

1. Матрицей размера $m \times n$ называется прямоугольная **таблица**, ...
2. Элементами матрицы называются **числа** a_{ij} ($i = 1, 2, ..., m; j = 1, 2, ..., n$), ...
3. Нулевой матрицей называется **матрица**, ...
4. Квадратной называется **матрица**, ...
5. Единичной называется квадратная **матрица**, ...
6. Диагональными матрицами называются квадратные **матрицы**, ...
7. Транспонированной матрицей называют **матрицу**, ...

8. Симметрической называется квадратная **матрица**, ...
9. Кососимметрической называют квадратную **матрицу**, ...

   1) *которая* получается из матрицы *A* заменой строк столбцами
   2) число строк *которой* равно числу столбцов
   3) *для которой* справедливо равенство $A^T = A$
   4) *у которых* $a_{ij} = 0$ для всех $i \neq j$
   5) индексы *которых* указывают место элемента в строке и столбце
   6) *для которой* справедливо равенство $A^T = -A$
   7) *которые* стоят на главной диагонали
   8) все диагональные элементы *которой* равны нулю
   9) которая состоит из *m* строк и *n* столбцов
   10) все элементы *которой* равны нулю

б)

1. **Матрица** называется квадратной, ...
2. **Матрицу** называют нулевой, ...
3. Квадратная **матрица** называется единичной, ...
4. Квадратная **матрица** называется диагональной, ...
5. Квадратная **матрица** называется симметрической, ...
6. Квадратную **матрицу** называют кососимметрической, ...
7. **Матрицы** считаются равными, ...
8. **Матрица** называется транспонированной, ...

   1) *если* все её диагональные элементы равны
   2) *если* они имеют равное количество строк и столбцов и равные числа на соответственных местах
   3) *если* она удовлетворяет равенству $A^T = -A$
   4) *если* число её строк равно числу столбцов
   5) *если* она получается заменой строк столбцами
   6) *если* она имеет *m* строк и *n* столбцов
   7) *если* её элементы равны нулю
   8) *если* у неё $a_{ij} = 0$ для всех $i \neq j$
   9) *если* она удовлетворяет равенству $A^T = -A$
   10) *если* у неё все диагональные элементы равны 1, а все другие — нулю.

Задание 6. Расскажите о матрицах. Дополните предложения.

Матрица представляет собой прямоугольную таблицу из ...

Первый индекс элемента матрицы указывает номер ..., а второй — ...

Матрица называется квадратной, если у неё число строк ...

Элементы квадратной матрицы порядка *n* называются ...

Если все диагональные элементы квадратной матрицы равны 1, а остальные — нули, она называется ... и обозначается специальным ...

В диагональной матрице элементы, которые стоят ..., не равны нулю.

Сумма или произведение двух диагональных матриц тоже является ...

Как мы видим, над матрицами могут выполняться арифметические действия ...

Если в матрице *A* заменить строки столбцами, получится ..., которая обозначается ...

У симметрической матрицы элементы, симметричные относительно главной диагонали, ...

У кососимметрической матрицы такие элементы ..., а диагональные элементы ...

ТЕМА 6
Интегралы

1. При решении ряда задач механики и физики необходимо восстанавливать функцию по её известной производной. Так, если материальная точка движется по прямой, не меняя направления своего движения, и расстояние, пройденное точкой, — известная функция времени $s(t)$, то мгновенная скорость точки вычисляется как производная пройденного пути: $v = s'(t)$.

Восстановление функции по известной её производной составляет одну из основных задач *интегрального исчисления*. Эта задача является обратной основной задаче *дифференциального исчисления*, которая состояла в нахождении производной данной функции.

2. Пусть функция $f(x)$ есть производная от функции $F(x)$. Функция $F(x)$ называется первообразной для функции $f(x)$ на данном промежутке числовой оси, если для всех значений x из этого промежутка функция $f(x)$ является производной от функции $F(x)$.

Любая непрерывная функция $f(x)$ имеет бесчисленное множество первообразных. Если $F(x)$ есть одна из этих первообразных, то всякую другую можно представить выражением $F(x) + C$, где C — постоянная величина, которую можно задать произвольно.

3. Выражение $F(x) + C$, где C — произвольная постоянная величина, представляет собой общий вид функции, которая имеет производную $f(x)$. Это выражение называют *неопределённым интегралом* функции $f(x)$ и обозначают:

$$F(x) + C = \int f(x)dx = dF(x).$$

Другими словами, *неопределённым интегралом* данного выражения $f(x)\,dx$ (или данной функции $f(x)$) называется наиболее общий вид его первообразной функции. Произведение $f(x)\,dx$ называется *подынтегральным выражением*, функция $f(x)$ — *подынтегральной функцией*, переменная x — *переменной интегрирования*.

Таким образом, нахождение множества всех первообразных функций $f(x)$ называется *интегрированием* этой функции.

4. В противоположность неопределённому интегралу предел суммы $y_0\,dx_0 + y_1\,dx_1 + ... + y_{n-1}\,dx_{n-1}$ называется *определённым интегралом*. Неопределённый интеграл есть *функция*, а определённый интеграл есть *число*.

5. В математике имеет место следующая теорема. Если при неограниченном возрастании числа промежутков (x_0, x_1), (x_1, x_2), ... наибольшая из их длин стремится к нулю, то сумма S_n стремится к некоторому пределу S. Число S — одно и то же при любом способе образования частичных промежутков. Предел, к которому стремится сумма S_n, когда наибольшая из длин стремится к нулю, называется *определённым интегралом* функции $f(x)$. Концы a, b данного промежутка (*промежутка интегрирования*) называются *пределами интеграла* — нижним (a) и верхним (b).

Определённый интеграл обозначается

$$\int_a^b f(x)dx.$$

Эта запись читается: *интеграл от a до b эф от икс дэ икс*.

6. Значение определённого интеграла зависит от вида функции $f(x)$ и от значений верхнего и нижнего пределов. В определении предполагается, что $a \neq b$. При $a = b$, т. е. в случае равных пределов, определённый интеграл считается равным нулю, ибо интеграл стремится к нулю при сближении a и b. При перестановке пределов определённый интеграл сохраняет абсолютное значение, но меняет знак на обратный

$$\int_a^b f(x)dx = -\int_b^a f(x)dx.$$

7. В процессе развития техники интегрирования была установлена связь между интегральным и дифференциальным исчислением. В результате основная задача интегрального исчисления — вычисление интеграла — сводится к разысканию функции по данному выражению её дифференциала.

В частности, дифференциал интеграла с переменным верхним пределом, который всегда является *дифференцируемой* функцией от x, совпадает с подынтегральным выражением

$$d\int_a^x f(x)dx = -f(x)dx.$$

8. Интеграл от дифференциала функции $F(x)$ равен приращению функции $F(x)$ на промежутке интегрирования:

$$\int_a^b F(x) = F(b) - F(a). \qquad (1)$$

Иными словами: если $F(x)$ есть какая-либо первообразная подынтегральной функции $f(x)$, то

$$\int_a^b f(x)dx = F(b) - F(a). \qquad (2)$$

Данная теорема сводит вычисление определённого интеграла к разысканию неопределённого интеграла. Формулу (2) называют *основной формулой интегрального исчисления*: значение определённого интеграла равно разности двух значений любой первообразной функции, вычисленных при $x = b$ и при $x = a$.

А

Задание 1. Прочитайте текст. Найдите и выпишите из текста все понятия, связанные с понятием **интеграла**. Назовите их.

Задание 2. Ответьте на вопросы.

1) Какая математическая задача возникает при решении ряда задач механики и физики? 2) Какая задача является одной из основных задач *интегрального исчисления*? 3) Какая задача является одной из основных задач *дифференциального исчисления*? 4) Эти задачи обратны друг другу?

Задание 3. Дополните текст словами **производная** или **первообразная** в нужной форме.

Предположим, что функция $f(x)$ есть ... от функции $F(x)$. Тогда на данном промежутке числовой оси функция $F(x)$ — ... для функции $f(x)$, если на этом промежутке при всех значениях x функция $f(x)$ является ... от функции $F(x)$. Любая непрерывная функция $f(x)$ имеет бесконечное множество ... . Пусть $F(x)$ есть одна из её ... . Тогда всякую другую ... можно представить выражением $F(x) + C$, где C — постоянная величина, которую можно задать произвольно.

Задание 4. Поговорим о неопределённом интеграле. Дополните фразы.

1) Выражение $F(x) + C$ представляет собой ... функции, которая имеет производную $f(x)$. 2) В этом выражении C — ... величина. 3) Выражение $F(x) + C$ называют ... функции $f(x)$. 4) Иначе говоря, неопределённым интегралом данного выражения $f(x)\, dx$ (или данной функции $f(x)$) называется наиболее общий вид ... . 5) Неопределённый интеграл обозначают ... . 6) В записи $\int f(x)\, dx$ подынтегральным выражением называется ... . 7) $\int$ — это ... . 8) Функция $f(x)$ называется ... . 9) x — это ... . 10) Интегрировать функцию — это значит найти ... .

Задание 5. Ответьте на вопросы об определённом интеграле.

1) Как мы знаем, неопределённый интеграл есть функция. А что представляет собой определённый интеграл? 2) Какое именно число является определённым интегралом? 3) Что может происходить при неограниченном возрастании числа промежутков (x_0, x_1), (x_1, x_2), согласно известной теореме? 4) Как при этом изменяется сумма S_n? 5) Число S одинаково или различно при разных способах образования частичных промежутков? 6) Что такое определённый интеграл? 7) Как называются концы a, b данного промежутка? 8) Как называется сам промежуток между a и b? 9) Как обознача-

ется определённый интеграл? 10) Как читается полная запись определённого интеграла? 11) От чего зависит значение определённого интеграла? 12) Чему равен определённый интеграл при равных пределах? 13) Как изменяется определённый интеграл при перестановке пределов?

Задание 6. Поговорим о связи интегрального и дифференциального исчисления. Дополните фразы. Используйте слова из скобок в нужной форме.

1) (*интегральное и дифференциальное исчисление*) В процессе развития техники интегрирования была установлена связь между ... 2) (*разыскание функции по данному выражению её дифференциала*) В результате этого вычисление интеграла сводится к ... 3) (*дифференцируемая функция от x*) Дифференциал интеграла с переменным верхним пределом всегда является ... 4) (*подынтегральное выражение*) Дифференциал интеграла с переменным верхним пределом x совпадает с ... 5) (*приращение функции F(x) на промежутке интегрирования*) Интеграл от дифференциала функции $F(x)$ равен ... 6) (*разыскание неопределённого интеграла*) По данной теореме вычисление определённого интеграла сводится к ... 7) (*разность двух значений любой первообразной функции, вычисленных при x = b и при x = a*) Значение определённого интеграла равно ... 8) (*основная формула интегрального исчисления*) Формула (2) считается ...

Задание 7. Дайте определение понятий, математических явлений, с которыми вы встретились в тексте (см. **задание 1**).

Задание 8. *а)* Дополните план текста «Понятие об интеграле».

План
1. Задачи интегрального исчисления и дифференциального исчисления.
2. ...
3. ...
4. ...
5. ...

б) Изложите краткое содержание текста, используя следующие начала фраз.

В начале текста **идёт речь/говорится/рассказывается** *о задачах ... Сначала ... Затем ... Далее... В конце текста ...*

Задание 9. *а)* Раскройте содержание каждого пункта плана.
б) Используя план, изложите полное содержание текста.

Б

Задание 1. Передайте содержание данных предложений, используя а) пассивную модель, б) активную модель предложения.

а. 1) В выражении $\int f(x)\,dx$ переменную x называют переменной интегрирования. 2) В выражении $F(x) + C$ постоянную величину C задают произвольно. 3) При интегрировании функции находят множество всех её первообразных функций.

6. 1) В некоторых задачах механики и физики функция восстанавливается по её известной производной. 2) Мгновенная скорость точки вычисляется как производная пройденного пути $v = s'(t)$. 3) Эта запись определённого интеграла читается так: *интеграл от а до b эф от икс дэ икс*.

Задание 2. Передайте содержание данных предложений, используя модель с глаголом **являться**.

1) Восстановление функции по известной её производной — основная задача интегрального исчисления. 2) Основная задача дифференциального исчисления — нахождение производной данной функции. 3) Дифференциал интеграла с переменным верхним пределом — дифференцируемая функция от x. 4) Производная от функции $F(x)$ — функция $f(x)$.

Задание 3. Составьте предложения, используя модель с глаголом **называться**.

1) Нахождение множества всех первообразных функций $f(x)$ — интегрирование этой функции. 2) Пределы интеграла — концы a, b данного промежутка интегрирования. 3) Определённый интеграл — предел суммы $y_0 dx_0 + y_1 dx_1 +$ $+ ... + y_{n-1} dx_{n-1}$. 4) Функция $F(x)$ — первообразная для функции $f(x)$ на данном промежутке числовой оси.

Задание 4. Составьте вопросы, на которые отвечают данные предложения. Обращайте внимание на порядок слов в предложении.

1) Неопределённый интеграл является функцией. 2) Определённый интеграл есть число. 3) Формулу (2) называют основной формулой интегрального исчисления. 4) Задачей интегрирования функции является нахождение множества всех первообразных этой функции. 5) Неопределённым интегралом данной функции $f(x)$ называется наиболее общий вид её первообразной функции. 6) Определённый интеграл обозначается

$$\int_a^b f(x)dx.$$

Задание 5. Дополните предложения нужной формой полного или краткого прилагательного или пассивного причастия прошедшего времени.

1) (*обратный*) Восстановление функции по известной её производной — это задача, ... нахождению производной данной функции. 2) (*вычисленный*) Два значения любой первообразной функции ... при $x = b$ и при $x = a$. 3) (*равный*) Считается, что если мы имеем ... пределы, определённый интеграл ... нулю. 4) (*бесчисленный*) Любая непрерывная функция $f(x)$ имеет ... множество первообразных. 5) (*неограниченный*) У любой непрерывной функции количество первообразных ... .

Задание 6. *а)* Дополните предложения словом **который** в нужной форме.

1) Формула, ... сводит вычисление определённого интеграла к разысканию неопределённого интеграла, считается основной формулой интегрального исчисления. 2) Формулу, ... сводит вычисление определённого интеграла к разысканию неопределённого интеграла, называют основной формулой ин-

тегрального исчисления. 3) Формула, ... называют основной формулой интегрального исчисления, сводит вычисление определённого интеграла к разысканию неопределённого интеграла. 4) Формула, ... называется основной формулой интегрального исчисления, сводит вычисление определённого интеграла к разысканию неопределённого интеграла. 5) С помощью формулы, ... называют основной формулой интегрального исчисления, вычисление определённого интеграла сводится к разысканию неопределённого интеграла.

б) Замените определительные предложения со словом *который* причастным оборотом.

Задание 7. Дополните предложения (если возможно). Выберите возможные варианты. Обращайте внимание на порядок слов.

1. 1. Определённый интеграл считается равным нулю, ...

2. Равным нулю считается определённый интеграл, ...

      1) который имеет равные пределы

      2) если его верхний и нижний пределы равны

      3) у которого верхний и нижний пределы равны

2. 1. Дифференциал интеграла с переменным верхним пределом, ... совпадает с подынтегральным выражением.

2. Дифференциал интеграла с переменным верхним пределом совпадает с подынтегральным выражением ... .

      1) который всегда является дифференцируемой функцией от x.

3. 1. Выражение $F(x) + C$, ... называют неопределённым интегралом функции $f(x)$.

2. Выражение $F(x) + C$ называют неопределённым интегралом функции $f(x)$, ...

3. Неопределённым интегралом функции $f(x)$ называют выражение $F(x) + C$, ...

      1) представляющее собой общий вид первообразной, которая имеет производную $f(x)$.

Задание 8. Дополните предложения. Поставьте слова из скобок в нужной форме.

1) (*подынтегральное выражение*) При переменном верхнем пределе дифференциал интеграла совпадает ... 2) (*некоторый предел S*) Сумма S_n стремится ... 3) (*прямая*) Материальная точка движется ... 4) (*вид функции f(x)*) Значение определённого интеграла зависит ... 5) (*разыскание неопределённого интеграла*) Вычисление определённого интеграла сводится ... 6) (*постоянная величина C*) ... можно задать произвольно. 7) (*производная f(x)*) Выражение $F(x) + C$, где C — произвольная постоянная величина, представляет собой общий вид функции, которая имеет ...

Задание 9. *а)* От данных глаголов образуйте отглагольные существительные.

Восстановить, зависеть, стремиться, вычислить, прирасти, находить, сблизить, совпадать, сохранить, установить, разыскать.

б) Используя их, составьте возможные именные словосочетания с данными ниже словами.

О б р а з е ц: (находить) *множество всех первообразных функции f(x)* — **нахождение** множества всех первообразных функции f(x).

функция — её известная производная; определённый интеграл — вид функции; определённый интеграл — нуль; мгновенная скорость точки; функция F(x) — на промежутке интегрирования; неопределённый интеграл; верхний и нижний пределы; производная данной функции; дифференциал интеграла с переменным верхним пределом — подынтегральное выражение; связь — интегральное и дифференциальное исчисление; абсолютное значение.

В

Проверьте себя!

В заданиях **1** и **2** дополните предложения. Выберите правильный вариант.

Задание 1.

1. Интегрирование — это нахождение ... .
   1) производной данной функции
   2) множества всех первообразных функций f(x)
   3) дифференцируемой функции от x

2. Задача дифференцирования — разыскание ... .
   1) производной данной функции
   2) функции по данному выражению её дифференциала
   3) множества всех первообразных функций f(x)

3. Любая непрерывная функция f(x) имеет ... первообразных.
   1) две   2) бесчисленное множество   3) несколько

4. В обозначении неопределённого интеграла произведение f(x) dx называется ... .
   1) подынтегральным выражением
   2) подынтегральной функцией
   3) переменной интегрирования

5. Выражение F(x) + C, где C — произвольная постоянная величина, представляет собой ... .
   1) определённый интеграл
   2) подынтегральную функцию
   3) общий вид первообразной функции, имеющей производную f(x)

6. При сближении пределов a и b определённый интеграл ... .
   1) считается равным нулю
   2) стремится к нулю
   3) меняет знак на обратный

7. При перестановке пределов определённый интеграл ... .
    1) не сохраняет абсолютного значения
    2) не меняет знак на обратный
    3) сохраняет абсолютное значение, но меняет знак на обратный

8. Дифференциал интеграла с переменным верхним пределом совпадает ... .
    1) с подынтегральным выражением
    2) с подынтегральной функцией
    3) с переменной интегрирования

9. Значение определённого интеграла равно ... .
    1) приращению функции $f(x)$ на промежутке интегрирования
    2) разности двух значений любой первообразной функции
    3) сумме двух значений любой первообразной функции

Задание 2.

1) производная   2) первообразная   3) неопределённый интеграл
4) определённый интеграл

1. ... равен разности двух значений любой первообразной функции, вычисленных при $x = b$ и при $x = a$.
2. ... является функцией.
3. ... — это число.
4. ... при равных пределах считается равным нулю.
5. ... представляет собой наиболее общий вид первообразной функции данной функции $f(x)$.
6. Пусть функция $f(x)$ есть ... от функции $F(x)$.
7. ... — это предел, к которому стремится сумма S_n ($y_0\, dx_0 + y_1\, dx_1 + ... + y_{n-1}\, dx_{n-1}$), когда наибольшая из длин стремится к нулю.
8. Функция $F(x)$ — ... для функции $f(x)$, которая на данном промежутке числовой оси при всех значениях x является производной от функции $F(x)$.

Задание 3. Назовите, что в интегрировании обозначают данные символы. Выберите правильный вариант.

1. $f(x)$ — это ... .
2. $\int f(x)\, dx = dF(x)$ — это ... .
3. x — это ... .
4. $\int_a^b f(x)\, dx$ — это ... .
5. $f(x)\, dx$ — это ... .
6. a — ... .
7. b — ... .
8. d — ... .

1) дифференциал
2) подынтегральное выражение
3) подынтегральная функция
4) переменная интегрирования
5) определённый интеграл
6) верхний предел
7) нижний предел
8) неопределённый интеграл
9) первообразная

Задание 4. Выберите правильный вариант условия, при котором справедливо каждое утверждение.

1. Если $F(x)$ есть какая-либо первообразная подынтегральной функции $f(x)$, то ... .
2. Если для всех значений x из данного промежутка числовой оси функция $f(x)$ является производной от функции $F(x)$, то ... .
3. Если дифференциал интеграла имеет переменный верхний предел, то ... .
4. Если при неограниченном возрастании числа промежутков (x_0, x_1), (x_1, x_2), ... наибольшая из их длин стремится к нулю, то ... .
5. Если верхний и нижний пределы равны, то ... .
6. Если поменять местами верхний и нижний пределы, то ... .

    1) определённый интеграл сохраняет абсолютное значение, но меняет знак на обратный
    2) функция $F(x)$ является первообразной для функции $f(x)$ на этом промежутке
    3) определённый интеграл считается равным нулю
    4) значение определённого интеграла равно разности двух значений любой первообразной функции, вычисленных при $x = b$ и при $x = a$
    5) он совпадает с подынтегральным выражением
    6) функция $f(x)$ есть производная от функции $F(x)$
    7) сумма S_n стремится к некоторому пределу S

Задание 5. Расскажите об интеграле. Дополните предложения.

При решении некоторых задач механики и физики необходимо восстанавливать ...

Это — одна из основных задач ...

Обратная задача состоит в нахождении ...

Это — основная задача ...

Функция $F(x)$ называется ... на данном промежутке числовой оси, если для всех значений x из этого промежутка функция $f(x)$ является ...

Если $F(x)$ есть одна из первообразных данной функции $f(x)$, то всякую другую её первообразную можно представить ... , где C — ... величина, которую можно задать произвольно.

Наиболее общий вид первообразной данной функции $f(x)$ называется ... этой функции.

В обозначении неопределённого интеграла $\int f(x)\,dx$ произведение $f(x)\,dx$ — это ...

Функция $f(x)$ — ... , а переменная x — ...

Если при неограниченном возрастании числа промежутков (x_0, x_1), (x_1, x_2), ... наибольшая из их длин стремится ... , то сумма S_n стремится ...

Этот предел называется ... функции $f(x)$.

Концы a, b данного промежутка интегрирования — это ...

Значение определённого интеграла зависит от ...

Значение определённого интеграла равно разности ...

При равных пределах *a* и *b* определённый интеграл считается равным ...

При перестановке пределов определённый интеграл сохраняет ... , но меняет ...

В процессе развития техники интегрирования была установлена связь ...

В результате этого вычисление интеграла сводится к разысканию функции по ...

ЧАСТЬ 3
ДОКАЗАТЕЛЬСТВА, РЕШЕНИЕ ЗАДАЧ

> «В математике ничто не требуется принимать на веру. Математик ничего не рассказывает нам о реальности. Он говорит лишь о том, что одно следует из другого, и показывает, как именно это происходит».
>
> Ганс Фрейденталь,
> голландский математик, XX век

Тема 1
Математические преобразования

А

Задание 1. Прочитайте следующие группы глаголов, которые используются при описании математических преобразований. Определите, какой признак помогает определить вид глагола — совершенный (СВ) или несовершенный (НСВ) — в паре глаголов.

1) приставка в СВ / её отсутствие в НСВ;
2) суффикс **-ыва-/-ива-** в НСВ / его отсутствие в СВ;
3) суффикс **-а/я-** в НСВ / суффикс **-и-** в СВ;
4) более длинная основа в НСВ / более короткая основа в СВ;
5) основа оканчивается на **-ть** в НСВ / основа оканчивается на **-ти/-сти** в СВ;
6) суффикс **-ну-** в СВ.

1. вычислять — вычислить
   получать — получить
   решать — решить
   умножать — умножить
   выраЖать — выраЗить
   изобраЖать — изобраЗить
   освобоЖДаться — освобоДиться
   подстаВЛять — подстаВить
   состаВЛять — состаВить
   сокраЩать — сокраТить
   упроЩать — упроСТить

2. раскрЫВАть — раскрыть
   разбИВАть — разбить
   расклАДЫВАть — разложить
   преобразовЫВАть — преобразовать
   склАДЫВАть — сложить

3. вычитать — вычесть
   принимать — принять

4. подчёркивать — подчеркнуть
   возникать — возникнуть

5. возводить — возве**сти**
   находить — най**ти**
   проводить — прове**сти**
   приводить — приве**сти**
   переносить — перене**сти**

6. делить — **раз**делить
   строить — **по**строить
   пробовать — **по**пробовать
   группировать — **с**группировать

Задание 2. Образуйте форму глагола, которая используется при описании математических преобразований. Измените данные в **задании 1** глаголы по образцу.

1. решать — реш<u>а</u>ем
2. выраЖать — выраЖ<u>а</u>ем
3. раскрывать — раскрыв<u>а</u>ем
4. возвоДить — возво<u>Д</u>им
5. строить — стро<u>и</u>м
6. вычитать — вычит<u>а</u>ем

решить — реш<u>и</u>м
выраЗить — выраЗ<u>и</u>м
раскрыть — раскр<u>о</u>ем
возвести — возвеД<u>ё</u>м
построить — постро<u>и</u>м
вычесть — вычт<u>е</u>м

Обратите внимание:

> Формы *несовершенного* вида глаголов используются в случае, когда описывается уже <u>готовое</u> решение (разлагаем число на ...).
> Если решение объясняется <u>по ходу его выполнения</u>, чаще используются формы *совершенного* вида (разложим число на ...).
> Если описываются <u>общие правила</u> выполнения математических преобразований, часто используются формы *несовершенного* вида в активном обороте без указания субъекта действия (разлагаЮТ число на ...).

Задание 3. Составьте словосочетания. Поставьте слова, данные справа, в нужной форме. Употребите глаголы в форме, которая используется при описании математических преобразований.

находить/найти *что*	значение переменной, корень, сумма всех двузначных положительных чисел, область допустимых значений неравенства, производная функции, наименьший общий знаменатель;
вычислять/вычислить *что*	наибольший общий делитель (НОД), наименьшее общее кратное (НОК), длина окружности, площадь основания;
раскрывать/раскрыть *что*	скобки;
преобразовывать/преобразовать *что во что*	простая дробь — десятичная дробь;
разбивать/разбить *что на что*	область допустимых значений переменной — промежутки;

раскладывать/разложить *что на что*	число — простые множители;
составлять/составить *что*	уравнение;
упрощать/упростить *что*	выражение, простая дробь;
приводить/привести *что к чему*	левая часть уравнения — общий знаменатель;
решать/решить *что*	уравнение, система уравнений;
подставлять/подставить *что во что*	значение *y* — второе уравнение;
получать/получить *из чего что*	первое уравнение $2x + y = 7$; $-y = 7 - 2x$;
освобождаться/освободиться *от чего*	знак модуля, дробь;
проводить/провести *что*	прямая линия;
строить/построить *что*	график функции, парабола;
изображать/изобразить *что где*	множество чисел, удовлетворяющих неравенству — числовая прямая.

Задание 4. **а)** Обратите внимание на различия моделей с данными глаголами:

представлять/представить *что — в виде чего*
преобразовывать/преобразовать *что — к виду* …
приводить/привести *что — к виду* …
иметь/принимать *вид* …

б) Дополните предложения. Выберите правильный вариант.

1) вид   2) в виде   3) к виду

1. Исходное уравнение имеет … $x + 4 \geq 1$.
2. Представим левую часть уравнения … логарифма произведения.
3. При $a = 3$ уравнение принимает … $0 \times y = 0$.
4. Представим число 86 … суммы двух слагаемых.
5. Если $a = 0$, то неравенство $ax > b$ принимает … $0 \times x > b$.
6. Приведём данный многочлен … $10ab + b^2$.
7. Преобразуем заданное уравнение … $a^{f(x)} = a^{g(x)}$.
8. Всякую неправильную дробь можно представить … суммы натурального числа и правильной дроби.

Задание 5. Составьте возможные словосочетания

1. составим   1) скобки
2. упростим   2) график
3. найдём   3) выражение
4. приведём   4) линию

5. решим
6. раскроем
7. проведём
8. построим

5) корни уравнения
6) подобные члены
7) уравнение
8) систему уравнений

Задание 6. Установите, какая математическая запись соответствует каждому тексту в задании.

1. Умножим обе части уравнения на два.
2. Возведём обе части уравнения в квадрат.
3. В данном уравнении перегруппируем сомножители.
4. Разложим левую часть уравнения на множители.
5. Подставляем $y = 1$ в уравнение и находим значение z.
6. Приведём неравенство к общему знаменателю, а затем приведём подобные слагаемые в числителе.
7. Возведём обе части уравнения в третью степень.

1) $(x + 2)(x + 3)(x + 5)x = 72 \quad x(x + 2)(x + 3)(x + 5) = 72$
2) $\sqrt{x+2} = x \quad x + 2 = x^2$
3) $x - (x + 1)/2 - (x - 3)/4 + (x - 2)/3 > 0$
   $(12x - 6x - 6 - 3x + 9 + 4x - 8)/12 > 0$
   $(7x - 5)/12 > 0$
4) $\sqrt[3]{x-3} = -4 \quad x - 3 = 27$
5) $x^3 - 5x^2 + 6 = 0 \quad x(x^2 - 5x + 6) = 0$
6) $(x - 5)/2 = 0 \quad x - 5 = 0$
7) $y - 2z = 1 \quad z = 0$

Задание 7. Прочитайте текст. Ответьте на вопрос: *О какой алгебраической операции говорится в нём?*

Интегрирование рациональных функций

Целая рациональная функция аргумента x — это функция, представляемая многочленом $a_0x^n + a_1x^{n-1} + ... + a_{n-1}x + a_n$. Дробной рациональной функцией называется отношение целых рациональных функций.

Рациональные функции интегрируются по общему методу следующим образом:

1. Из данной функции исключаем целую часть, которая интегрируется непосредственно.

2. Разлагаем знаменатель оставшейся правильной дроби на действительные множители типа $x - a$ и $x^2 + px + q$. При этом множители второго типа должны быть неразложимыми на множители первой степени. Если получится множитель $x^2 + px + q$, разложимый на действительные множители $x - m$ и $x - n$, то заменяем его двумя этими множителями.

Разложение имеет вид

$$a_0x^n + a_1x^{n-1} + ... + a_{n-1}x + a_n = a_0(x-a)(x-b)...(x^2+px+q)(x^2+rx+s)... \qquad (1)$$

Такое разложение всегда существует; оно единственно.

3. Пробуем делить числитель правильной дроби на каждый множитель выражения (1). Если деление выполняется без остатка, сокращаем дробь на соответствующий множитель.

4. Разлагаем полученную дробь на сумму простейших дробей и интегрируем слагаемые по отдельности.

Задание 8. Дайте определение **целой** и **дробной рациональной функции**.

Задание 9. Дополните предложения. Выберите правильный вариант действия.
1. Рациональные функции ... по общему методу.
   1) решаем   2) находим   3) интегрируем   4) вычисляем
2. ... из данной функции целую часть.
   1) изображаем   2) исключаем   3) освобождаемся   4) составляем
3. ... знаменатель получившейся правильной дроби на неразложимые действительные множители.
   1) разбиваем   2) разлагаем   3) преобразовываем   4) раскрываем
4. ... числитель правильной дроби на каждый множитель выражения (1).
   1) делим   2) умножаем   3) разлагаем   4) заменяем
5. ... полученную дробь на сумму простейших дробей.
   1) делим   2) умножаем   3) разлагаем   4) заменяем

Задание 10. Установите правильный порядок выполнения операции интегрирования рациональных функций.

(...) Разложение правильной дроби на неразложимые действительные множители.
(...) Разложение дроби на сумму простейших дробей.
(...) Деление числителя правильной дроби на каждый множитель выражения (1).
(...) Исключение из данной функции целой части.
(...) Замена множителя $x^2 + px + q$, разложимого на действительные множители $x - m$ и $x - n$, двумя этими множителями.
(...) Сокращение дроби на соответствующий множитель выражения (1) при делении числителя правильной дроби на этот множитель без остатка.
(...) Интегрирование слагаемых — простейших дробей.

Задание 11. а) Расскажите подробно о методе интегрирования рациональных функций, используя формы несовершенного вида (как в тексте) и формы совершенного вида.

б) Расскажите об общих правилах выполнения операции интегрирования рациональных функций.

Б

Задание 1. Сообщите о выполнении задания. Используйте глаголы в формах, которыми пользуются при описании математических преобразований.

О б р а з е ц: Надо **преобразовать** разность логарифмов в логарифм частного. — **Преобразуем** разность логарифмов в логарифм частного.

1) Надо преобразовать график функции $y = f(x)$ параллельным переносом $r = (0; a)$.
2) Надо исследовать данную функцию.
3) Надо использовать для упрощения выражения формулу приведения.
4) Надо прологарифмировать данное выражение по основанию 2.

Задание 2. *а)* Дополните предложение. Выберите глагол нужного вида. Обращайте внимание на *вид другого глагола* в предложении.

1) (*возводим/возведём*) ... в квадрат обе части уравнения, *получим* $x = x^2 - 4x + 4$.
2) (*раскрываем/раскроем*) ... скобки и *приводим* подобные члены в правой части равенства.
3) (*переносим/перенесём*) ...в этой смешанной периодической дроби запятую вправо так, чтобы *получилась* чистая периодическая дробь.
4) (*ищем/найдём*) ... наибольший общий делитель коэффициентов 4, 8, 16 и *вынесем* за скобку общий множитель.

б) Дополните предложения. Выберите глагол нужного вида и используйте его в нужной форме.

1) (*исследовать*) ... функцию $f(x) = 3x^5 - 5x^3 + 2$ и *построим* её график.
2) (*выбирать/выбрать*) Чтобы найти наибольшее и наименьшее значения функции, сначала ... удобный параметр x и через него интересующую нас величину *выражают* как функцию $f(x)$.
3) (*обозначать/обозначить*) ... $y = x^3$. Тогда исходное уравнение *примет* вид $y^2 - 5y + 4 = 0$.
4) (*подставлять/подставить*) ... данное значение во второе уравнение, *получаем* $\alpha_1 = a_1 + ca_0$.

Задание 3. Образуйте от данных глаголов существительные, обозначающие различные математические действия и преобразования.

а) **-ани**-е

вычитать, преобразовать, использовать, логарифмировать, интегрировать, дифференцировать, исследовать, касаться, убывать, возрастать, задать;

б) **-ени**-е

вычислить, построить, решить, делить, определить, исчислить, округлить, измерить. сложить, умножить, разложить, предположить, обозначить, увеличить, уменьшить; вращать, утверждать; пересечь; выразить, изобразить(*з-ж*); возвести, привести, произвести (*ст-д*); упростить (*ст-щ*); сократить (*т-щ*); перенести (*ст-с*); находить, освободить (*д-жд*); составить (*в-вл*);

в) **-тель-ств**-о

доказать;

г) -н-ов-к-а

подставить;

д) -к-а

проверить;

е) -и-е

раскрыть, соответствовать;

е) без суффикса

записать, переходить, переносить, заменить, переменить.

Задание 4. Составьте именные словосочетания. Используйте существительные из скобок в нужном падеже.

О б р а з е ц: определение... (*показательная функция*) —
определение показательной функции

Преобразование... (*пространство/плоскость f*); приведение... (*подобные члены*); разложение... на множители (*квадратный трёхчлен*); упрощение... (*алгебраическое выражение*); доказательство... (*иррациональность чисел*); составление... (*алгебраическое уравнение*); подстановка... в уравнение (*рациональные числа*); нахождение... (*корни уравнения*); запись... в виде математических формул (*законы физики*); раскрытие... (*скобки*).

Задание 5. Укажите цель математического преобразования, используя конструкцию **для чего**.

О б р а з е ц: **Чтобы постро**ить **отрезки**, задаваемые алгебраическими выражениями, используются некоторые элементарные построения. —
Для построения **отрезков**, задаваемых алгебраическими выражениями, используются некоторые элементарные построения.

1) Чтобы выполнить вычисления, действительные числа удобно записывать в виде десятичных дробей. 2) Чтобы округлить число до *n* значащих цифр, отбрасывают все его цифры, стоящие после *n*-го разряда. 3) Чтобы вычислить углы треугольника по данным сторонам этого треугольника, используются тригонометрические методы. 4) Чтобы найти ранг матрицы, нужно привести эту матрицу к диагональной форме. 5) Чтобы записать систему *m* линейных уравнений с *n* неизвестными $x_1, x_2, ..., x_n$, используется более короткая (матричная) форма записи. 6) Чтобы найти вектор, являющийся суммой трёх некомпланарных векторов *a, b, c*, часто используют «правило параллелепипеда».

В

Проверьте себя!

Задание 1. Установите правильную последовательность фраз, соответствующую математической записи.

1) $3a \times 5b + 3ab + 2a(-4b) + b \times b$ Постановка (условие) задачи:
2) $15ab + 3ab - 8ab + b^2$ Решение задачи:
3) $10ab + b^2$ Полученный результат:

1. Получим многочлен стандартного вида.
2. Приведём подобные члены.
3. Приведём данный многочлен к стандартному виду.
4. Приведём к стандартному виду члены многочлена.

Задание 2. Опишите, как вы будете выполнять математические операции, о которых говорится в данных текстах.

1) Для **решения уравнения** $ax^2 + bx + c = 0$ достаточно построить график квадратичной функции $y = ax^2 + bx + c$ и найти абсциссы точек пересечения этого графика с осью x.
2) Для **решения уравнения** $x^3 - 3x + 1 = 0$ можно преобразовать уравнения к виду $x^3 = 3x - 1$, затем построить график функций $y = x^3$ и $y = 3x - 1$ и найти абсциссы точек пересечения этих графиков.
3) Уравнение $x - 3y = 10$ может иметь следующие решения. Для их **нахождения** удобно выразить одну переменную через другую, например x через y, получив уравнение $x = 10 + 3y$; затем выбрать произвольное значение y и вычислить соответствующее значение x. Например, если $y = 7$, то $x = 10 + 3 \cdot 7 = 31$. Значит, пара (31; 7) является решением данного уравнения.

Задание 3. Прочитайте текст. Расскажите, а) как исследуют функцию в общем случае; б) как вы будете исследовать данную функцию.

Чтобы построить более точный график функции, надо научиться выявлять характерные особенности функции, т. е. надо предварительно исследовать функцию.

При исследовании функций в общем случае надо решить следующие задачи:
1) Найти области определения и значения данной функции f.
2) Выяснить, является ли функция f а) чётной или нечётной; б) периодической.
3) Вычислить координаты точек пересечения графика с осями координат.
4) Найти промежутки знакопостоянства функции f, т. е. выяснить, на каких промежутках функция f принимает положительные значения, а на каких — отрицательные.
5) Определить, на каких промежутках функция f возрастает, а на каких убывает.
6) Найти точки экстремума, вид экстремума (максимум или минимум) и вычислить значения f в этих точках.
7) Исследовать поведение функции f в окрестности характерных точек, не входящих в область определения функции (например, точка $x = 0$ для функции $f(x) = 1/x$), и для больших (по модулю) значениях аргумента.

ТЕМА 2
Способы решений и доказательств

Методы решения систем уравнений

1. Если система уравнений совместна, то её можно решить несколькими методами. Наиболее распространёнными из них являются метод подстановки, метод алгебраического сложения и графический метод.

2. Способом подстановки система двух уравнений с двумя переменными решается по следующему плану.

1) Из одного уравнения системы выражаем одну из переменных, например x, через другую переменную y и известные величины.

2) **Подставив** найденное выражение во второе уравнение системы, получим уравнение относительно переменной y.

3) **Решая** полученное уравнение, находим значения y.

4) **Подставляя** найденные значения y в выражение переменной x, получаем соответствующее значение переменной x.

5) **Подставляя** найденные значения x и y в исходные уравнения системы, проверяем правильность вычислений.

3. Способ алгебраического сложения состоит в следующем.

1) Обе части уравнений системы умножаются на соответствующие множители, которые подбираются так, чтобы коэффициенты при одной из переменных в обоих уравнениях системы имели одну и ту же абсолютную величину.

2) **Складывая** (или **вычитая**) уравнения системы, исключаем одну из переменных.

3) Решаем полученное уравнение с одной переменной.

4) Значение другой переменной можно найти так же или, **подставив** значения первой переменной в любое из данных уравнений системы.

5) **Подставляя** найденные пары значений x и y в уравнения исходной системы, проверяем правильность вычислений.

4. Графически систему двух уравнений с двумя переменными можно решить так.

1) В одной и той же системе координат строим график каждого уравнения системы.

2) **Построив** графики, находим координаты точек пересечения графиков, которые являются решениями данной системы уравнений.

А

Задание 1. Прочитайте текст. Уточните, о способах решения *каких систем уравнений* идёт речь в этом тексте?

Задание 2. Ответьте на вопросы.

1) Какие методы, какие способы используются для решения систем двух урравнений с двумя переменными?
2) При каком условии можно использовать эти методы для решения таких систем уравнений?
3) Вспомните, какая система уравнений является совместной? несовместной?
4) Почему только совместную систему можно решить несколькими способами?

Обратите внимание:

Для описания математических действий, преобразований могут использоваться **деепричастия** совершенного и несовершенного вида. При их использовании подчёркивается, 1) *каким настоящим действием* или 2) *в результате какого предыдущего действия* получается/получен следующий результат.

В первом случае обычно используются деепричастия *несовершенного вида*:

Подставляя значения ..., получаем/получим ...

Во втором случае это обычно деепричастия *совершенного вида*:

Подставив значения ..., получим/получаем ...

Задание 3. Используя информацию, данную в тексте, выберите более точный вопрос. Ответьте на него, используя деепричастия из текста.

  1) Каким образом 2) В результате какого действия

1. ... при использовании метода подстановки ...
   1. получим уравнение относительно переменной *y*?
   2. находим значения *y*?
   3. получаем соответствующее значение переменной *x*?
   4. проверяем правильность вычислений?

2. ... при использовании способа алгебраического сложения ...
   1. исключаем одну из переменных?
   2. найдём значение другой переменной?
   3. проверяем правильность решения системы уравнений?

3. ... при графическом методе вычислений ...
   1. находим координаты точек пересечения графиков?

Задание 4. а) Расскажите о каждом методе решения систем двух уравнений с двумя переменными. Замените все деепричастия глаголами нужного вида в нужной форме.

  б) Расскажите о решении какой-либо системы уравнения, выбранной вами.

Задание 5. Прочитайте текст. Ответьте на вопрос: Методом математической индукции производятся вычисления или доказываются различные математические утверждения?

Метод математической индукции

1. Ряд математических утверждений доказывается *методом математической индукции*, который состоит в следующем:

1) проверяется, что утверждение $A(n)$ истинно для $n = 1$.

2) предполагается, что утверждение $A(n)$ истинно для $n = k$ и доказывается, что оно истинно и при $n = k + 1$.

3) делается вывод, что утверждение $A(n)$ истинно для любого натурального *n*.

2. *Методом математической индукции*, например, можно доказать, что для любого натурального числа *n* и любого действительного числа $a > -1$ справедливо неравенство, называемое неравенством Бернулли: $(1 + a)^n \geq 1 + an$.

3. *Методом математической индукции* можно доказать также ряд свойств чисел, образующих последовательность Фибоначчи. Последовательностью Фибоначчи называется последовательность чисел $F_0, F_1, F_2, ..., F_n, ...$, где $F_0 = 0, F_1 = 1$, а каждый последующий член является суммой двух предыдущих, т. е. указанная последовательность имеет вид 0, 1, 1, 2, 3, 5, 8, ...

Задание 6. Расскажите о логической последовательности доказательства методом математической индукции. Составьте высказывания. Выберите правильный вариант.

    1) для $n = k$ 2) для любого натурального *n*   3) для $n = 1$ 4) для $n = k + 1$

Согласно методу математической индукции ...
1. проверяется,   что утверждение $A(n)$ истинно ...
2. предполагается,
3. доказывается,
4. делается вывод,

Задание 7. Ответьте на вопросы.
1) О каких математических выражениях говорится в тексте?
2) Что представляет собой неравенство Бернулли?
3) Что представляет собой последовательность Фибоначчи?
4) Что можно доказать методом математической индукции в отношении неравенства Бернулли?
5) Что можно доказать методом математической индукции относительно последовательности Фибоначчи?

Задание 8. Используя данную информацию, продолжите предложения.
1) Имеются два основных **метода** решения тригонометрических уравнений: а) метод разложения на множители; б) метод введения новой переменной. — *Тригонометрические уравнения решаются* ...
2) На практике довольно часто используется графический **метод** решения уравнений. — *Уравнения часто решаются* ...
3) Для решения систем двух уравнений с двумя переменными используется **метод** подстановки, метод сложения, методы умножения и деления. — *Системы двух уравнений с двумя переменными решаются* ...
4) Имеются два основных **метода** решения показательных уравнений: а) метод уравнивания показателей (т. е. преобразование заданного уравнения к виду $a^{f(x)} = a^{g(x)}$, а затем к виду $f(x) = g(x)$); б) метод введения новой переменной. — *Показательные уравнения решаются* ...
5) **Метод** введения новой переменной полезен при решении однородных уравнений, т. е. уравнений вида $a \sin x + b \cos x = 0$. — *Однородные уравнения решаются* ...

Задание 9. Прочитайте текст. Ответьте на вопрос: *Какую задачу решают, используя приведённый в тексте метод?*

Ранг матрицы

Данный метод вычисления ранга матрицы основан на том, что любую матрицу можно привести к диагональной форме с помощью следующих элементарных преобразований матрицы, не меняющих её ранга:

1) переменой местами двух строк или двух столбцов;

2) умножением строки или столбца на произвольное отличное от нуля число;

3) прибавлением к одной строке (столбцу) другой строки (столбца), умноженной на некоторое число.

Для нахождения ранга матрицы нужно элементарными преобразованиями привести эту матрицу к диагональной форме. Число отличных от нуля элементов, стоящих на главной диагонали полученной матрицы, равно рангу матрицы.

Задание 10. Ответьте на вопросы.

1) Какими действиями можно любую матрицу привести к диагональной форме?
2) Какими именно элементарными преобразованиями данная матрица приводится к диагональной форме?
3) Чему будет равен ранг матрицы при этом методе вычислений?

Задание 11. а) Прочитайте текст. Ответьте на вопрос: *О чём говорится в этом тексте?*

Под алгебраическими преобразованиями уравнения $F = 0$ понимают следующие преобразования:

1) прибавление к обеим частям уравнения одного и того же алгебраического выражения;
2) умножение обеих частей уравнения на одно и то же алгебраическое выражение;
3) возведение обеих частей уравнения в рациональную степень.

Например, всякое иррациональное уравнение с помощью элементарных преобразований (умножение, деление, возведение в целую степень обеих частей уравнения) можно свести к рациональному алгебраическому уравнению.

б) Ответьте на вопросы.

1) *Какими способами* преобразуются уравнения $F = 0$?
2) *Какими способами* иррациональное уравнение можно свести к рациональному алгебраическому уравнению?

Задание 12. Прочитайте текст. Назовите, для измерения **каких величин** используются формулы, приведённые в тексте.

Прямоугольная декартова система координат на плоскости

1. Расстояние между точками плоскости *а* и *в*, имеющими координаты соответственно $(x_1; y_1)$ и $(x_2; y_2)$, вычисляется **по формуле**

$$AB = \sqrt{(x_2 - x_1)^2 + (y_2 - y_1)^2}.$$

По этой же формуле *определяется* длина отрезка *AB* или модуль вектора $\overrightarrow{AB}$.

2. Координаты ($x_{ср.}$; $y_{ср.}$) середины отрезка *AB определяются* по формулам
$x_{ср.} = (x_1 + x_2)/2$; $y_{ср.} = (y_1 + y_2)/2$.

3. Координаты вектора $\overrightarrow{AB}(x; y)$ *находят* **по формулам**
$x = x_2 - x_1$; $y = y_2 - y_1$.

Задание 13. Ответьте на вопросы.

1) Как (по какой формуле) вычисляют расстояние между точками плоскости *A* и *B* с координатами соответственно (x_1; y_1) и (x_2; y_2)? 2) Как определяют длину отрезка *AB*? 3) Как вычисляют модуль вектора $\overrightarrow{AB}$? 4) Как определяют координаты середины отрезка *AB*? 5) Как находят координаты вектора $\overrightarrow{AB}$?

Задание 14. Как вы думаете, как (по каким формулам) *находят/вычисляют/определяют* те же величины в прямоугольной системе координат **в пространстве**, где точки *A* и *B* имеют координаты соответственно (x_1, y_1, z_1) и (x_2, y_2, z_2)?

Сравните:

1. Площадь круга вычисляется **по формуле** $S = \pi R^2$.	1. **С помощью (при помощи)** *формулы*, задающей функцию *f*, находим её приращение в точке x_0.
2. Проведём доказательство **методом** от противного.	2. Проведём доказательство **с помощью (при помощи)** *метода* от противного.
3. Приведём матрицу к диагональной форме **элементарными преобразованиями**.	3. Приведём матрицу к диагональной форме **с помощью (при помощи)** *элементарных преобразований*.
	4. Функцию можно задать **с помощью (при помощи)** *таблицы*.
5. **По теореме Пифагора** (согласно теореме), квадрат длины гипотенузы равен сумме квадратов длин катетов прямоугольного треугольника.	5. **С помощью (при помощи)** *теорем* о пределах производят вычисление производных.

Задание 15. Дополните предложения. Используйте слова из скобок в нужном падеже.

1) (*эта величина*) Приняв какую-либо величину *е* за единицу измерения, можно с **помощью** ... измерять любую другую величину *а* того же рода.
2) (*рациональные дроби, конечные десятичные дроби*) Результат практических измерений можно выразить **при помощи** ... или **при помощи** ... .

3) (*теорема косинусов*) Углы α и β треугольника можно найти **с помощью** ... .
4) (*правила предельных переходов*) Производные вычисляются **с помощью** ... .
5) (*логарифмы*) **С помощью** ... можно записать корень любого показательного уравнения вида $a^x = b$, где $b > 0$.

Задание 16. Прочитайте текст. Ответьте на вопрос: *О каких величинах идёт речь в этом тексте?*

Применение дифференциала к оценке погрешности формул

Данные, получаемые **измерением**, содержат ошибку из-за неточности измерительных инструментов. Положительное число, превышающее эту ошибку (или равное этой ошибке), называется *предельной абсолютной погрешностью*, или, короче, *предельной погрешностью*. Отношение предельной погрешности к абсолютному значению измеряемой величины называется *предельной относительной погрешностью*.

Разыскание предельной погрешности.

Пусть функция y вычисляется **по точной формуле** $y = f(x)$, но значение x получается **измерением** и поэтому содержит ошибку. Тогда *предельная абсолютная погрешность* $|\Delta y|$ функции находится **по формуле**

$$|\Delta y| \approx |dy| = |f'(x)| \, |\Delta x|, \qquad (1)$$

где $|\Delta x|$ есть предельная погрешность аргумента. Величина $|\Delta y|$ округляется в сторону увеличения (ввиду неточности самой формулы).

Предельную относительную погрешность $|\Delta y/y|$ можно найти также **с помощью логарифмического дифференцирования по формуле**

$$|\Delta y/y| \approx |d \ln y|. \qquad (2)$$

В частности, при $y = x^n$ (тогда $d \ln y = n \, dx/x$) имеем:

$$|\Delta y/y| \approx n \, |\Delta x/x|, \qquad (3)$$

т. е. предельная относительная погрешность степени x^n равна n-кратной предельной относительной погрешности аргумента.

Задание 17. Дайте определение величин, о которых говорится в тексте.

Задание 18. Ответьте на вопросы.

1) Какие данные содержат ошибку? 2) Почему данные, получаемые измерением, содержат ошибку? 3) По какой формуле вычисляется значение функции y? 4) Почему значение x содержит ошибку? 5) Как находят предельную абсолютную погрешность $|\Delta y|$ функции? 6) Почему величина $|\Delta y|$ округляется в сторону увеличения? 7) Как можно найти предельную относительную погрешность $|\Delta y/y|$? 8) Чему равна предельная относительная погрешность степени x^n?

Задание 19. Расскажите о погрешностях и способах их вычисления.

Задание 20. Составьте возможные словосочетания. Слова справа употребите в нужной форме.

1. содержать
2. вычислять
3. получать
4. превышать
5. находить
6. измерять

1) измерение
2) ошибка
3) формула
4) предельная погрешность
5) величина

Задание 21. Прочитайте текст. Ответьте на вопрос: *О способах решения каких уравнений идёт в нём речь?*

Простейшие показательные уравнения

Некоторые простейшие показательные уравнения:
1) уравнение $\alpha a^{2x} + \beta a^x + \gamma = 0$
заменой $a^x = y$ сводится к квадратному уравнению $\alpha y^2 + \beta y + \gamma = 0$;
2) уравнение $\alpha a^x + \beta a^{-x} + \gamma = 0$
заменой $a^x = y$ сводится к квадратному уравнению $\alpha y^2 + \gamma y + \beta = 0$;
3) уравнение $\alpha a^{2x} + \beta (ab)^x + \gamma b^{2x} = 0$
заменой $(a/b)^x = y$ сводится к квадратному уравнению $\alpha y^2 + \beta y + \gamma = 0$.

Задание 22. Ответьте на вопросы.

1) Каким образом сводится к квадратному уравнению
   а) первое показательное уравнение?
   б) второе показательное уравнение?
   в) третье показательное уравнение?

2) Сделайте вывод, к чему сводится решение некоторых простейших показательных уравнений?

Как вы заметили, если способ решения состоит в том, что более сложное алгебраическое выражение приводится к более простому виду, при котором решение становится более простым, то для указания на такой способ решения используется модель *что сводится к чему*.

Задание 23. Используя модель *что сводится к чему*, объясните решение данных задач. Слова из скобок, указывающие на способ решения, поставьте в нужном падеже.

1) Деление десятичной дроби 0,525 на дробь 0,2 ⇒ деление десятичной дроби 5,25 на число 2.

2) Решение исходного показательного уравнения ⇒ решение простейших показательных уравнений вида $a^{f(x)} = b$.

3) (*замена* $\sqrt[3]{\log_2 x} = y$) Решение логарифмического уравнения $\sqrt[3]{\log_2 x} - \sqrt[3]{\log_2 x - 6} = 0$ ⇒ квадратное уравнение относительно y: $y^2 - y - 6 = 0$.

4) (*замена* $x^2 = y$) Решение биквадратного уравнения $ax^4 + bx^2 + c = 0$ (где a, b, c — действительные числа) ⇒ решение квадратного уравнения $ay^2 + by + c = 0$.

5) (теоремы о пределах функций) Вычисление предела функции ⇒ вычисление пределов более простых функций.

Б

Задание 1. От данных глаголов образуйте деепричастия по образцам.

1) **реша-ть — реша-я**
   умножать
   сокращать
   упрощать
   выражать
   касаться
   преобразовывать

   реши-ть — реши-в
   умножить
   сократить
   упростить
   выразить
   коснуться
   преобразовать

2) **вычисля-ть — вычисля-я**
   подставлять
   составлять
   являться

   вычисли-ть — вычисли-в
   подставить
   составить
   явиться

3) а) **дел-ить — дел-я**
   б) **наход-ить-ся — наход-я-сь**
   в) **противолеж-ать — противолеж-а**
   противоречить
   содержать
   содержаться

   раздели-ть — раздели-в

4) **группирОВА-ть — группирУ-я**
   логарифмировать
   исследовать
   использовать
   пользоваться
   преобразовывать

   сгруппировать — сгруппирОВА-в
   прологарифмировать
   исследовать
   использовать
   воспользоваться
   преобразовать

5) **задаВА-ть — задаВА-я**
   придавать
   давать
   создавать

   зада-ть — зада-в
   придать
   дать
   создать

6) **провод-ить — провОд-я**
   находить
   приводить
   переносить
   возводить

   прове-сти — провЕд-я
   найти
   привести
   перенести
   возвести

7) **быть — буд-ут — буд-учи**

Задание 2. Замените выделенные глаголы подходящим по виду деепричастием. Помните, что выразить одно из двух действий деепричастием можно только в том случае, если оба действия относятся к **одному субъекту**. Выберите правильный вариант.

1. *Логарифмируем* обе части данного уравнения по основанию 10, получаем равносильное ему уравнение.
   1) логарифмируя   2) прологарифмировав   3) нельзя заменить

2. *Сложим* уравнения системы, получим 0 = 0.
   1) складывая   2) сложив   3) нельзя заменить

3. *Вынесем* общий множитель за скобки, решим неравенство.
   1) вынося   2) вынеся   3) нельзя заменить

4. *Умножим* обе части неравенства на *y*, смысл неравенства не изменится.
   1) умножая   2) умножив   3) нельзя заменить

Задание 3. Используя данную информацию, дополните предложения. Укажите способ действия. Используйте деепричастные обороты.

1) Для решения данного неравенства *логарифмируем* обе его части. — Решаем данное неравенство, ...
2) Чтобы решить линейное однородное дифференциальное уравнение, необходимо *написать* характеристическое уравнение и *найти* все его корни. — Линейное однородное дифференциальное уравнение решают, ...
3) При *умножении* обеих частей неравенства на одну и ту же положительную величину получается неравенство того же знака. — ..., получим неравенство того же знака.
4) *Используем* формулу приведения, получим sin 4*x* = − cos 2*x*. — ... получим sin 4*x* = − cos 2*x*.

В

Проверьте себя!

Задание 1. Дополните предложения. Выберите правильный вариант.

1. Имея три элемента, задающих треугольник (например, три стороны), можно вычислить все остальные элементы треугольника ... .
   1) по теореме синусов и теореме косинусов
   2) с помощью теоремы синусов и теоремы косинусов
   3) оба варианта

2. Существует общий метод решения тригонометрических уравнений ... универсальной подстановки.
   1) по формулам   2) с помощью формул   3) оба варианта

3. Если величина угла выражена в градусах, то вычислить её в радианах можно ... α радиан = α° / 360° × 2π.
   1) по формуле   2) с помощью формулы   3) оба варианта

4. Данное неравенство можно решить ... интервалов.
   1) методом   2) с помощью метода   3) оба варианта

Задание 2. Дополните предложения. Поставьте слова из скобок в нужном падеже.

1) (*преобразование симметрии относительно прямой y = x*) График функции *y* = log_*a* *x* можно получить из графика функции *y* = *a*^*x* с помощью ... .
2) (*метод*) Докажем следующее свойство арифметического корня ... от противного.

3) (*формула* $S = \pi r^2$) Площадь круга радиуса r вычисляется по ... .
4) (*метод*) Эту систему уравнений можно решить ... подстановки.

Задание 3. Дополните предложения, указав способ осуществления математического действия. Дайте возможные варианты.

1) (*графический метод*) Решим уравнение $x^2 - x - 2 = 0$ ... .
2) (*ввести новую переменную* $t = x^2$) ..., запишем исходное уравнение в виде $\cos t = 0$.
3) (*сократить на 4 обе части уравнения*) ..., приведём его к стандартному виду $\sin x = 1/2$.
4) (*другой способ*) Биссектрису треугольника можно вычислить ... .
5) (*аксиома параллельных*) Теорема Фалеса доказывается ... .
6) (*формула* $V = \pi R^2 H$) Объём цилиндра вычисляют ... .
7) (*складывать уравнения системы*) ..., получим $\log_3 y = 4$.
8) (*привести матрицу к диагональной форме*) ..., можно найти ранг матрицы.

ТЕМА 3
Логическая структура решения, доказательства

Решение линейных уравнений

При решении уравнений $ax = b$, где x переменная, a и b — числа, могут представиться следующие случаи:

$a \neq 0$, уравнение имеет единственное решение $x = b/a$;

$a = 0$ и $b = 0$, уравнение принимает вид $0 \cdot x = 0$, корнем этого уравнения является любое действительное число;

$a = 0$ и $b \neq 0$, уравнение принимает вид $0 \cdot x = b$, такое уравнение не имеет решений.

При решении уравнений, сводящихся к линейным, руководствуются следующими свойствами равносильных уравнений.

1. Если перенести член уравнения с противоположным знаком из одной части уравнения в другую, то получим уравнение, равносильное исходному.

2. Если все члены уравнения умножить или разделить на отличное от нуля число, то получим уравнение, равносильное исходному.

3. Если в левой или правой части линейного уравнения привести подобные члены, то получим уравнение, равносильное исходному.

А

Задание 1. Прочитайте текст. Ответьте на вопрос: *Чем пользуются при решении линейных уравнений?*

Задание 2. Установите, какие решения имеют уравнения $ax = b$ (где x переменная, a и b — числа) при данных условиях.

1) Если $a = 0$ и $b = 0$, то ... а) уравнение не имеет решений.
2) Если $a = 0$ и $b \neq 0$, то ... б) уравнение имеет единственное решение.
3) Если $a \neq 0$, то ... в) корнем уравнения является любое действительное число.

> Если ..., то ...
> При ... (каком условии)

Задание 3. Используя информацию текста, укажите, **при** каких преобразованиях уравнений получаются равносильные уравнения. Образуйте от глаголов, обозначающих эти преобразования в тексте, отглагольные существительные.

О б р а з е ц: **Если** преобразования над уравнением **расширяют** обла**сть** определения уравнения, **то** возможно появление посторонних корней. — **При** расширении области определения уравнения (в результате преобразований) возможно появление посторонних корней.

Задание 4. Расскажите, как решаются линейные уравнения.

Задание 5. Передайте содержание условия, используя сложное предложение с союзом ***если*** (см. образец к **заданию 3**).

1) *При отрицательном дискриминанте* ($D < 0$) квадратное уравнение не имеет корней. 2) *В случае чётной функции* её график симметричен относительно оси Oy прямоугольной декартовой системы координат. 3) *В случае ограниченности монотонной последовательности* она сходится. 4) *При подстановке в уравнение числа 7* получается верное равенство, следовательно, $x = 7$ — корень уравнения. 5) *При наличии предела последовательности x_n*, данная последовательность является ограниченной.

> Так как ..., то ...
> Поскольку...
>
>   ..., так как...
>   ..., поскольку...
>   ..., ибо ...
>   ..., потому что ...

Задание 6. **а)** Прочитайте предложения. Найдите в каждом из них некоторое утверждение и обоснование (объяснение) этого утверждения.

б) Задайте вопросы к той части предложения, которая начинается с выделенных союзов. Сделайте вывод о том, где в сложном предложении могут находиться его части, начинающиеся каждым из выделенных союзов со значением причины.

а) 1) Уравнение $\sqrt{3x} = -2$ не имеет решений, *так как* арифметический квадратный корень есть неотрицательное число. 2) *Так как* квадрат любого действительного числа неотрицателен, *то* уравнение $2x^2 + 3 = 0$ не имеет действительных корней. 3) *Поскольку* в процессе решения нарушалась равносильность уравнений, проверка найденных значений x обязательна. 4) При решении иррациональных уравнений полученные решения требуют обязательной проверки, *поскольку* некоторые из них могут являться посторонними корнями.

б) 1) Нельзя выполнять над уравнением преобразования, сужающие его область определения, *ибо* при этом могут быть потеряны его корни. 2) Найденное значение $x = 4$ является посторонним корнем для данного уравнения, *потому что* это значение не принадлежит области определения этого уравнения.

Задание 7. а) Прочитайте пары предложений. Найдите в каждой из них утверждение и обоснование (объяснение) этого утверждения.

б) Из данных пар предложений составьте сложные предложения при помощи *различных* союзов причинной связи, используя в качестве образца **задание 6**.

1) $3^x > 0$. Равенство $3^x = -0,5$ невозможно. 2) $3x^2 = 0$, отсюда $x^2 = 0$. Существует только одно число — нуль, квадрат которого равен нулю. 3) Основание данного логарифма $\sqrt{2} - 1 < 1$. Эта логарифмическая функция убывает. 4) Параллелепипед есть частный случай призмы. Площадь поверхности и объём параллелепипеда вычисляется по формулам для площади поверхности и объёма призмы. 5) Графики данных функций симметричны относительно оси абсцисс. При одной и той же абсциссе x ординаты графиков этих функций равны по модулю, но противоположны по знаку.

Обратите внимание:

Использование союза *если* указывает на возможность вариантов условия.

При отсутствии таких вариантов в каждом данном случае используются союзы причины.

Если четырёхугольник является ромбом, его диагонали взаимно перпендикулярны.

Если четырёхугольник — квадрат, его диагонали взаимно перпендикулярны и равны.

Так как данный четырёхугольник — ромб, его диагонали взаимно перпендикулярны, но не равны.

Задание 8. Выразите логическую связь между двумя утверждениями. Из двух данных предложений составьте одно сложное, используя:

а) союз *если*

1) Усечённая пирамида — часть правильной пирамиды. Усечённая пирамида является правильной. 2) Фигура получена в результате вращения определённой плоской фигуры вокруг некоторой оси. Фигура называется телом вращения. 3) В треугольнике один угол прямой. Сумма двух других острых углов составляет 90°. 4) Понятие нельзя определить, а можно только описать. Это понятие является начальным.

б) союзы причины

1) Понятия функции, множества невозможно строго определить. Они являются начальными понятиями. 2) Данный треугольник *ABC* равнобедренный. Медиана этого треугольника, проведённая к середине стороны, не равной двум другим, является также высотой. 3) Правая часть данного «равенства» не имеет смысла. Логарифм отрицательного числа не существует.

| ... , *поэтому* ...
| ... . *Тогда* ...
| ... . *Отсюда* ...
| ... . *Значит*, ...
| ... . *Следовательно*, ...

Задание 9. Прочитайте микротексты. Найдите в каждом из них некоторое утверждение и следствие, вытекающее из этого утверждения.

1) Числитель и знаменатель дроби имеют одинаковые знаки, в данном случае они оба отрицательны. *Поэтому* данная дробь положительна.
2) Числитель дроби меньше или равен нулю, а знаменатель больше нуля. *Тогда* дробь меньше или равна нулю.
3) Центр описанной около прямоугольного треугольника окружности совпадает с серединой гипотенузы. *Отсюда* радиус этой окружности равен половине длины гипотенузы.
4) $\angle ACO = \angle ACO_1$. Но эти углы смежные. *Следовательно*, $\angle ACO$ и $\angle ACO_1$ — прямые.
5) Площадь прямоугольника вычисляется по формуле $S = ab$. Квадрат есть прямоугольник, у которого стороны равны. *Значит*, площадь квадрата со стороной a равна a^2.

Задание 10. Дополните высказывания словами, указывающими, что второе утверждение — следствие первого.

1) Элементарными преобразованиями приведём матрицу к диагональной форме. ... число отличных от нуля элементов, стоящих на главной диагонали полученной матрицы, будет равно рангу матрицы. 2) Ромб есть частный случай параллелограмма. ... его площадь можно находить так же, как и площадь параллелограмма. 3) В неполном квадратном уравнении второй коэффициент или свободный член равен нулю. ... его можно решать методом разложения левой части на множители. 4) Возвести в куб можно любое число. ... область определения функции $y = x^3$ — вся числовая прямая.

Задание 11. Используя материал **заданий 6–8**, составьте высказывания по образцу **задания 9**.

Задание 12. Дополните предложения. Сделайте вывод из данного утверждения. Используйте слова для справок в нужной форме.

1) Векторы a и b имеют одинаковое направление. Следовательно, вектор a ... 2) Стороны *BC* и *AD* — основания трапеции. Значит, сторона *BC* ... . 3) Известно, что углы α и β — смежные и угол β — прямой. Поэтому угол

α ... 4) Мы нашли, что первая и вторая системы уравнений имеют одно и то же множество решений. Значит, они ... 5) Один из двух векторов нулевой. Следовательно, он ... 6) Векторы *c* и *d* имеют одинаковые модули и направления. Значит, они ... 7) Два угла одного треугольника равны двум углам другого треугольника. Следовательно, эти треугольники ...

Слова для справок: параллельный, подобный, коллинеарный, равносильный, равный.

> *По условию ...*
> *По теореме ...*

Задание 13. Установите соответствие высказываний их математическим источникам, на которых они основаны.

а) по теореме Пифагора
б) по определению
в) по свойству касательных, проведённых из одной точки

1) ... отрезки этих касательных от общей точки до точек касания равны.
2) ... квадрат длины гипотенузы равен сумме квадратов длин катетов.
3) ... множество рациональных чисел является счётным множеством.

Задание 14. Прочитайте текст задачи. Ответьте на вопрос: *Какие части выделяются в тексте задачи?*

Пример. В прямоугольном треугольнике точка касания вписанной окружности делит гипотенузу на отрезки 5 см и 12 см. Найти катеты треугольника.

Решение. В $\triangle ABC$ угол C прямой, $AD = 5$ см, $DB = 12$ см, E и F — точки касания вписанной окружности и соответствующих катетов.

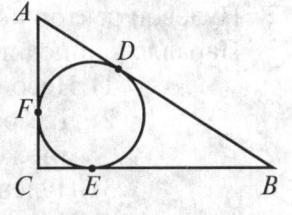

$AD = AF$, $BD = BE$, $FC = EC$ **по свойству** касательных к окружности, проведённых из одной точки.

Пусть $EC = x$, тогда **по теореме Пифагора** для $\triangle ABC$ можно записать:
$(5 + x)^2 + (12 + x)^2 = (5 + 12)^2$, $x_1 = 3$; $x_2 = -20$ (не подходит).
Итак, $AC = 5 + 3 = 8$ см, $BC = 12 + 3 = 15$ см.

Ответ: 8 см, 15 см.

Задание 15. Ответьте на вопросы.

1) Что дано по условию задачи? 2) Что требуется найти? 3) Почему, по свойству касательных, проведённых из одной точки, $AD = AF$, $BD = BE$, $FC = EC$? 4) Что принимают за x? 5) Почему, по теореме Пифагора, в данной задаче можно составить уравнение: $(5 + x)^2 + (12 + x)^2 = (5 + 12)^2$? 6) Почему в данном случае не подходит значение второго корня уравнения $x_2 = -20$? 7) Какой ответ получен в ходе решения задачи?

Задание 16. Объясните:

а) признаки равенства треугольников.

О б р а з е ц: *1-й признак* (по двум сторонам и углу между ними): если две стороны и угол между ними одного треугольника равны соответственно двум сторонам и углу между ними другого треугольника, то такие треугольники равны.

1) *2-й признак* (по стороне и прилежащим к ней двум углам);
2) *3-й признак* (по трём сторонам);
3) *4-й признак* (по двум сторонам и большему углу).

б) признаки подобия треугольников.

О б р а з е ц: *2-й признак* (по двум сторонам и углу между ними): если две стороны одного треугольника пропорциональны двум сторонам другого треугольника и углы между ними равны, то такие треугольники подобны.

1) *1-й признак* (по двум углам);
2) *3-й признак* (по трём сторонам).

Задание 17. Объясните, почему верны следующие утверждения. При рассуждении можете использовать информацию, данную ниже.

1. Две несовместные системы уравнений считаются равносильными по определению.
2. Нулевой вектор коллинеарен любому вектору по определению.
3. Параллелепипед является частным случаем призмы.

    1) Несовместная система уравнений не имеет решений.

    2) Две равносильные системы уравнений имеют одно и то же множество решений.

    3) Нулевой вектор не имеет длины и направления.

    4) У коллинеарных векторов направления совпадают или противоположны.

    5) Многогранник, две грани которого — равные n-угольники, лежащие в параллельных плоскостях, а остальные n граней — параллелограммы, называется n-угольной призмой.

    6) У параллелепипеда основаниями и боковыми гранями являются параллелограммы.

Из определения ...	*следует, что ...*
Из свойства ...	*вытекает*
Из этого	
Отсюда	

Задание 18. Прочитайте текст о логарифме. Объясните, а) *что означают буквы в записи логарифма* $\log_a x$; б) *что такое логарифм?*

Логарифмом ($\log_a x$) положительного числа x по основанию a ($a > 0$, $a \neq 1$) называется показатель степени, в которую нужно возвести число a, чтобы получить число x: $a^{\log_a x} = x$.

Равенство $\log_a x = y$ означает, что $a^y = x$.

Из определения логарифма *вытекают* следующие важные равенства:
$$\log_a 1 = 0, \log_a a = 1.$$

Первое ***следует* из того, что** $a^0 = 1$, а второе — **из того, что** $a^1 = a$.

В записи $\log_a x$ число a — *основание логарифма*, а x — *логарифмируемое число*.

Задание 19. Ответьте на вопросы.

1) Что вытекает из определения логарифма? 2) Какое равенство следует из того, что $a^0 = 1$? 3) Какое равенство следует из того, что $a^1 = a$? 4) Из чего вытекает, что $\log_a 1 = 0$? 5) Из чего следует, что $\log_a a = 1$?

Задание 20. Дополните предложения, указав, ***из какого основания*** следует указанный вывод. Используйте в нужной форме словосочетания из скобок.

1) (*определения тригонометрических функций*) ... следует, что не существует тангенс углов, косинус которых равен 0.
2) (*первые два неравенства системы*) Последнее неравенство вытекает ... .
3) (*данная теорема*) ... вытекает следствие: вписанные углы, стороны которых проходят через концы диаметра, являются прямыми.
4) (*симметрия отрезков AC и BC относительно оси CD*) ... следует равенство сторон параллелограмма, т. е. *CBDA* — ромб.
5) (*условие*) ... следует, что мы можем рассматривать только те значения x, которые отличны от нуля ($x \neq 0$).

Задание 21. Прочитайте предложения. Обратите внимание, что в них сообщается, ***из какого условия*** вытекает полученный результат.

1) **Из уравнения** $x^2 + 1/x^2 = 2$ *находим* $x_1 = 1, x_2 = -1$. /
   Из уравнения $x^2 + 1/x^2 = 2 \quad x_1 = 1, x_2 = -1$.

2) **Из первого уравнения** *видно*, что либо $k = 0$, либо $k = 1$.

3) **Из условия** $\sqrt{2-x^2} + \sqrt{x^2-1} = a$ *получаем*, что $a \geq 0$. /
   Из условия $\sqrt{2-x^2} + \sqrt{x^2-1} = a \quad a \geq 0$.

Задание 22. Укажите, ***из какого источника*** вытекает полученный результат. Используйте слова из скобок в нужном падеже.

1) (*условие* $a = \sqrt{1-x^2}$) ... находим, что $a = 0$.
2) (*данный рисунок*) ... видно, что условие симметричности не выполняется для концов данного интервала.
3) (*первая система уравнений*) ... находим $x \geq 2$.
4) (*условие задачи*) ... получаем уравнение $yx/100 = 6$.

Пусть ...	*Тогда* ...
Допустим, что ...	*В этом случае* ...
Предположим, что ...	

Задание 23. Прочитайте текст. Найдите **допущения**, с которых начинается рассуждение. Найдите **вывод**, который следует из этих допущений. Назовите, с каких слов начинается каждая из этих частей.

Пусть нужно решить уравнение $f(x) = g(x)$. *Предположим, что* существует такое число A, которое является одновременно наибольшим значением функции $y = f(x)$ и наименьшим значением функции $y = g(x)$. Тогда корнями уравнения $f(x) = g(x)$ являются общие корни уравнений $f(x) = A$, $g(x) = A$, и только они.

Задание 24. Дополните высказывания словами, которые указывают, что данная фраза является **допущением** или **выводом** из принятого допущения.

1) *Допустим, что* функция $y = g(t)$ является обратной для функции $y = f(x)$. ...функция $y = f(x)$ будет, очевидно, обратной для функции $y = g(t)$.
2) ... заданы функции $f(x)$ и $g(x)$. *Тогда* можно рассматривать сумму, разность, произведение и отношение этих функций.
3) *Пусть* $\sin x = u$, $\cos y = v$, ... получим систему
$$\begin{cases} u + v = 1{,}5; \\ u^2 + v^2 = 1{,}25. \end{cases}$$
4) ... DE — средняя линия треугольника ABC с основанием AC. **В этом случае** $DE \parallel AC$ и $DE = 1/2\, AC$.

Задание 25. Прочитайте теорему о корне и её доказательство. Ответьте на вопрос: **Одинаковы** или **различны** доказательства теоремы для возрастающей и для убывающей функции?

Теорема о корне

Сформулируем важное утверждение, которым удобно пользоваться при решении уравнений.

Теорема (о корне). *Пусть функция f возрастает (или убывает) на промежутке I, число a — любое из значений, принимаемых f на этом промежутке. Тогда уравнение $f(x) = a$ имеет единственный корень в промежутке I.*

Доказательство. Рассмотрим возрастающую функцию f (в случае убывающей функции рассуждения аналогичны). По условию в промежутке I существует такое число b, что $f(b) = a$. Покажем, что число b — единственный корень уравнения $f(x) = a$.

Допустим, что на промежутке I есть ещё число $c \neq b$, такое что $f(c) = a$. *Тогда* или $c < b$, или $c > b$. Но функция f возрастает на промежутке I, поэтому соответственно либо $f(c) < f(b)$, либо $f(c) > f(b)$. Это противоречит равенству $f(c) = f(b) = a$. *Следовательно*, сделанное предположение неверно и в промежутке I, кроме числа b, других корней уравнения $f(x) = a$ нет.

Задание 26. Выделите в тексте следующие части.

1. Формулировка теоремы.
2. Исходные данные для доказательства.
3. Постановка задачи.
4. Исходное допущение (предположение) в доказательстве.

5. Логическое рассуждение (что следует из чего).
6. Вывод.

Задание 27. Ответьте на вопросы.

1) Какое допущение принимается в формулировке теоремы о корне? 2) Какой вывод делается из этого допущения в формулировке теоремы? 3) Что рассматривается в доказательстве теоремы? 4) Что дано по условию теоремы? 5) Что требуется доказать при этих условиях? 6) Какое допущение принимается в начале доказательства? 7) Что следует из этого допущения? 8) Как изменяется функция *f* на промежутке *I*? 9) Что следует из этого факта? 10) Данный вывод **соответствует** или **противоречит** предыдущему выводу? 11) Какой вывод можно сделать из данного противоречия? 12) Теорема о корне доказана?

Задание 28. Расскажите теорему о корне. Используйте формы, принятые для математического рассуждения. В качестве плана рассказа можно воспользоваться вопросами из **задания 3**.

Б

Задание 1. Дополните данные сложные предложения союзами *если, так как, поскольку, потому что, ибо*.

1) Треугольник называется прямоугольным, ... у него есть прямой угол. 2) ... сумма углов треугольника равна 180°, то у прямоугольного треугольника только один прямой угол. 3) Два других угла прямоугольного треугольника острые, ... прямой угол равен 90°. 4) ... острый угол прямоугольного треугольника равен 30°, то противолежащий ему катет равен половине гипотенузы. 5) ... центр описанной около прямоугольного треугольника окружности всегда совпадает с серединой гипотенузы, радиус этой окружности равен половине гипотенузы.

Задание 2. Из двух предложений составьте высказывание.

а) Подчеркните (выделите) с помощью союзов причины *поскольку, так как, потому, что, ибо* ту часть высказывания, которая является обоснованием некоторого утверждения.

б) Подчеркните (выделите) с помощью слов *поэтому, значит, тогда, отсюда, следовательно* ту часть высказывания, которая является выводом из некоторого утверждения.

1) Данная матрица кососимметрическая. Все её диагональные элементы равны нулю. 2) График чётной функции симметричен относительно оси ординат (*Oy*). График косинуса, который является чётной функцией, симметричен относительно оси ординат. 3) Критические точки функции, в которых её производная равна нулю или не существует, играют важную роль при построении графика функции. Только критические точки функции могут быть точками экстремума функции. 4) Число *e* положительно и отлично от 1. В математике определены логарифмы по основанию *e*, так называемые натуральные логарифмы, которые обозначаются ln.

Задание 3. Дополните предложения, используя слова из скобок в нужной форме.

1) (*теорема Пифагора*) ... следует, что в прямоугольном треугольнике любой из катетов меньше гипотенузы.
2) (*теорема 6.1*) ... это неравенство равносильно заданному неравенству.
3) (*определение модуля*) ... $|x - 1| = x - 1$, если $x - 1 \geq 0$; $|x - 1| = -(x - 1)$, если $x - 1 < 0$.
4) (*уравнение 11x = 55*) ... находим $x = 5$.
5) (*три числа*) Можно найти положение точки в пространстве ... .
6) (*условие задачи*) ... следует, что радиус окружности равен 2.

Задание 4. Прочитайте условие геометрической задачи. Определите, а) что дано по условию задачи; б) что требуется найти.

Пример. Средняя линия равнобокой трапеции, описанной около круга, равна 68 см. Определить радиус этого круга, если нижнее основание больше верхнего на 64 см.

Задание 5. Прочитайте и дополните текст решения задачи словами, объясняющими ход решения. Можете воспользоваться материалом для справок.

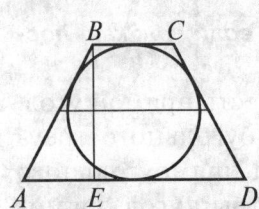

Решение. ... средняя линия данной трапеции равна 68 см, а $AD - BC = 64$. ..., ...$(BC + AD) / 2 = 68$.

Решая эту систему уравнений, получаем $AD = 100$, $BC = 36$.

..., то $AB + CD = BC + AD$. ... данная трапеция равнобокая, то $AB = CD$. ... $AB = (BC + AD) / 2$, или $AB = 68$.

Опустим высоту BE на нижнее основание трапеции. Рассмотрим прямоугольный треугольник ABE. Трапеция $ABCD$ равнобокая, ... $AE = (AD - BC) / 2 = 32$.

... для $\triangle ABC$ имеем $AB^2 = AE^2 + BE^2$.

... $BE = \sqrt{AB^2 - AE^2} = \sqrt{68^2 - 32^2}$.

... $BE = 2R$, то $R = 30$.

Ответ: 30 см.

Материал
для справок: а) отсюда, тогда, поэтому, так как, поскольку; теорема Пифагора, условие задачи, свойство описанных четырёхугольников, свойство средней линии трапеции.

б) 1. Квадрат длины гипотенузы равен сумме квадратов длин катетов.

2. Средняя линия трапеции равна полусумме оснований.

3. Суммы противолежащих сторон описанного четырёхугольника равны.

ТЕМА 4
Научный инструментарий математики

1. Математика изучает математические модели, которые, в свою очередь, являются моделями реальных физических, химических, биологических, экономических, социальных и других реальных явлений. Поэтому, изучая математические модели, мы изучаем и эти реальные явления.

2. Для исследования математических моделей применяются методы различных математических теорий (например, математического анализа, линейной алгебры, аналитической геометрии, теории вероятностей и т. п.). В основе любой математической теории лежат первичные понятия (т. е. понятия, не определяемые и интуитивно ясные) и аксиомы (т. е. утверждения, считающиеся истинными и не требующими доказательства).

3. Пользуясь этими понятиями и аксиомами, с помощью строгих логических рассуждений получают основные факты данной математической теории. Эти факты обычно формулируются в виде математических утверждений, называемых теоремами, леммами, предложениями и т. п.

4. Теоремы обычно формулируются следующим образом: «пусть выполнены такие-то условия, тогда верно такое-то утверждение». Поэтому теорему можно схематично представить в виде так называемой импликации $A \Rightarrow B$, где A — условия теоремы, а B — вывод теоремы. Если поменять местами условия и вывод, то получим *обратную* теорему $B \Rightarrow A$. При этом теорему $A \Rightarrow B$ называют *прямой*.

5. Например, теорему Пифагора можно представить в виде импликации $A \Rightarrow B$, в которой A содержит условия теоремы: «треугольник является прямоугольным», а B — вывод теоремы: «катеты a и b и гипотенуза c треугольника связаны равенством $a^2 + b^2 = c^2$». Обратное к теореме утверждение $B \Rightarrow A$ имеет вид: «если стороны a, b и c треугольника связаны равенством $a^2 + b^2 = c^2$, то треугольник является прямоугольным».

6. Можно формулировать различные теоремы, однако интерес представляют лишь истинные теоремы, т. е. теоремы, справедливость которых устанавливается строгими логическими утверждениями. При этом следует учитывать, что истинность прямой теоремы $A \Rightarrow B$ не означает истинности обратной теоремы $B \Rightarrow A$. Например, утверждение «если натуральное число делится на 10 без остатка, то оно чётно», истинно. Однако утверждение, обратное к нему, неверно, так как не всякое чётное число делится на 10 без остатка.

7. Если истинными являются и прямая, и обратная теоремы, то их можно объединить в одно утверждение типа равносильности $A \Leftrightarrow B$. Такие утверждения обычно формулируются в виде «для того чтобы выполнялось A, необходимо и достаточно, чтобы выполнялось *B*», или в виде «*A* выполнено тогда и только тогда, когда выполнено *B*». При этом *A* называют *необходимым*, а *B* — *достаточным* условиями теоремы. Например, истинным является утверждение: «для того чтобы треугольник был прямоугольным, необходимо и достаточно, чтобы стороны *a*, *b* и *c* треугольника были связаны равенством $a^2 + b^2 = c^2$».

8. В теоремах типа $A \Rightarrow B$ требуется доказать одно утверждение: из *A* следует *B*; а в теоремах типа $A \Leftrightarrow B$ требуется доказать два утверждения: необходимость $A \Rightarrow B$ и достаточность $B \Rightarrow A$.

9. Доказательство многих утверждений можно проводить путём рассуждений *от противного*. При этом, если требуется доказать теорему, то можно сначала допустить, что она ложна, т. е. для некоторого объекта выполнено условие *A*, однако вывод *B* не имеет места. Если путём логических рассуждений удаётся прийти к определённо неверному заключению, то это означает, что допущение о ложности теоремы $A \Rightarrow B$ неверно и, следовательно, теорема $A \Rightarrow B$ истинна.

А

Задание 1. Прочитайте текст. *О каких инструментах математики идёт в нём речь?* Перечислите их.

Задание 2. Ответьте на вопросы.

1) *Какие математические модели изучает математика?* 2) Для чего математике эти модели? 3) Какие методы применяются для исследования математических моделей? 4) *Что лежит в основе (является основой) любой математической теории?* 5) Какие понятия считаются первичными понятиями? 6) Что такое аксиома? 7) *Каким образом получают основные факты любой математической теории?* 8) В каком виде обычно формулируются эти факты? 9) Как называются различные математические утверждения? 10) *Как обычно формулируется любая теорема?* 11) *Каким образом можно схематично представить теорему?* 12) Что означают *A* и *B* в этой импликации (схеме)? 13) *Какие пары теорем существуют в математике?* Как они получаются? 14) *Каким образом устанавливается справедливость (истинность) теорем?* 15) *Каково соотношение истинности прямой и обратной теорем?* 16) *Как можно доказать теорему от противного?*

Задание 3. *а)* Составьте назывной план текста. Можно использовать в качестве основы этого плана вопросы, выделенные курсивом в **задании 2**.

б) Изложите **краткое** содержание текста, используя данные начала фраз.

*В начале текста **идёт речь** / **говорится** / **рассказывается** (о чём) ... Сначала... Затем... Далее... В конце текста...*

Задание 4. *а)* Раскройте содержание каждого пункта плана.
б) Используя план, изложите *полное* содержание текста.

Б

Задание 1. Дополните фразы, используя слова из скобок в нужной форме. Укажите способ осуществления действия.

1) (*математические модели, изучать математические модели*) Мы изучаем реальные физические, химические, экономические, социальные явления ... . 2) (*методы различных математических теорий*) Математические модели исследуются ... . 3) (*строгие логические рассуждения*) Основные факты математической теории получают ... . 4) (*использовать первичные понятия и аксиомы*) Математические утверждения формулируют ... . 5) (*импликация A ⇒ B*) Теорему можно схематично записать ... . 6) (*рассуждение от противного*) Многие утверждения можно доказывать ... . 7) (*логические рассуждения*) Справедливость теоремы устанавливается ... . 8) (*поменять местами условия и вывод*) ... получим обратную теорему.

Задание 2. В каждой паре предложений найдите некоторое условие и вывод, следующий из этого условия. Используя различные способы логической связи, составьте из этих пар предложений математические утверждения.

1) Допущение о ложности теоремы $A \Rightarrow B$ неверно. Теорема $A \Rightarrow B$ истинна. 2) Стороны a, b и c треугольника связаны равенством $a^2 + b^2 = c^2$. Треугольник является прямоугольным. 3) Данное утверждение является аксиомой. Это утверждение не требует доказательства. 4) И прямая, и обратная теоремы являются истинными. Их можно объединить в одно утверждение типа равносильности $A \Leftrightarrow B$. 5) Сумма цифр натурального числа делится нацело на 3. Натуральное число делится нацело на 3.

Задание 3. Дополните фразы, используя слова из скобок и глаголы **пользоваться чем; использовать / применять что** (в активе и пассиве).

1) (*методы различных математических теорий*) Для исследования математических моделей ... . 2) (*первичные понятия и аксиомы*) Для получения основных фактов математической теории ... . 3) (*строгие логические утверждения*) Для установления справедливости теоремы ... . 4) (*импликация A ⇒ B*) Для схематичного представления теоремы ... .

В

Проверьте себя!

В заданиях 1 и 2 выберите правильный вариант.

Задание 1.

1.
    1) аксиомы   2) первичные понятия

1. ... — это не определяемые и интуитивно ясные понятия.
2. ... — это утверждения, считающиеся истинными и не требующие доказательства.

2.

        1) прямая теорема   2) обратная теорема

1. «Если треугольник является прямоугольным, то катеты a и b и гипотенуза c связаны равенством $a^2 + b^2 = c^2$. Это ... Пифагора.
2. «Если стороны a, b и c треугольника связаны равенством $a^2 + b^2 = c^2$, то треугольник является прямоугольным». Это ... .

3.

        1) одно утверждение   2) два утверждения

1. В теоремах типа $A \Leftrightarrow B$ требуется доказать ... .
2. В теоремах типа $A \Rightarrow B$ требуется доказать ... .

4. В теоремах типа $A \Leftrightarrow B$ требуется доказать ... .

        1) достаточность   2) необходимость

1. $A \Rightarrow B$.
2. $B \Rightarrow A$.

5.

        1) ложна   2) истинна

1. При доказательстве теоремы $A \Rightarrow B$ путём рассуждений *от противного* можно сначала допустить, что теорема $A \Rightarrow B$ ... .
2. Если допущение о ложности теоремы $A \Rightarrow B$ неверно, следовательно, теорема $A \Rightarrow B$ ... .

6.

        1) рассуждение   2) утверждение

1. Теорема или лемма — это математическое ... .
2. Строгое логическое ... — это способ, с помощью которого получают факты математической теории.

Задание 2. Назовите, что означают данные символы. Выберите правильный вариант.

1. $A \Rightarrow B$ 1) условие теоремы $A \Rightarrow B$
2. $B \Rightarrow A$ 2) вывод теоремы $A \Rightarrow B$
3. $A \Leftrightarrow B$ 3) утверждение равносильности
4. A 4) прямая теорема
5. B 5) обратная теорема
        6) необходимое условие равносильности
        7) достаточное условие равносильности

Задание 3. Расскажите о научном инструментарии математики. Дополните предложения.

С помощью математических моделей изучаются ...

Для исследования математических моделей используются ...

Основой любой математической теории являются ...

Первичные понятия — это ...

Аксиомами называются утверждения, которые ...

Основные факты любой математической теории — это ... Их получают с помощью ...

Теоремы обычно формулируются таким образом: «пусть выполнены такие-то условия, тогда ...

В импликации теоремы $A \Rightarrow B$ A — это ..., а B — ...

Если поменять местами условия и вывод теоремы, то получится ...

Справедливость теоремы устанавливается ...

Истинность прямой теоремы не означает истинности ...

Если обе теоремы истинны, они объединяются в утверждение ...

Оно означает, что условие A выполняется тогда и только тогда, когда ... A называют ..., а B — ...

В теоремах типа $A \Rightarrow B$ доказывается одно утверждение: ...

В теоремах типа $A \Leftrightarrow B$ требуется доказать два утверждения: ...

Для доказательства теорем может использоваться рассуждение ...

В этом случае сначала допускается, что теорема $A \Rightarrow B$ ...

Если допущение о ложности теоремы $A \Rightarrow B$ неверно, то ...

ПРИЛОЖЕНИЯ

Приложение 1
Основные математические обозначения

$[a, b]$ — закрытый промежуток (отрезок): точки (числа) a и b принадлежат промежутку;

$(a; b]$ и $[a; b)$ — полуоткрытые промежутки: точка a не принадлежит промежутку; точка b принадлежит промежутку; соответственно точка a принадлежит, а b не принадлежит промежутку;

$(a; b)$ — открытый промежуток (интервал): точки a и b не принадлежат промежутку

$\Rightarrow$ — символ, означающий «следует в одну сторону»

$\Leftrightarrow$ — символ, означающий «следует в обе стороны»

$\in$ — символ принадлежности

$\notin$ — символ «не принадлежит»

$\varnothing$ — символ пустого множества

$\cup$ — символ объединения множеств

$\cap$ — символ пересечения множеств

$/$ — символ разности и дополнения множеств

$\sim$ — знак эквивалентности 18 (в геометрии — символ подобия)

f и f^{-1}, g и g^{-1} и т. д. — обозначения взаимно обратных отображений

$n!$ — обозначение произведения $1 \times 2 \times 3 \times ... \times n$ (читается «эн факториал»)

P_n — число перестановок из n элементов

C_n^m или $\binom{n}{m}$ — число сочетаний из n элементов по m элементов

A_n^m — число размещений из n элементов по m элементов

$\|a_{ij}\|$ или (a_{ij}) или $[a_{ij}]$ — матрица, составленная из чисел a

$|a_{ij}|$ или $\det\|a_{ij}\|$ — определитель квадратной матрицы $\|a_{ij}\|$

N — множество всех натуральных чисел

Z — множество всех целых чисел

Q — множество всех рациональных чисел

R — множество всех действительных чисел

$\{m, n\}$ или НОК — наименьшее общее кратное чисел m и n

(m, n) или НОД — наибольший общий делитель чисел m и n

$>, <, \geq, \leq$ — символы «больше», «меньше», «больше или равно», «меньше или равно»

$|a|$ — абсолютное значение (модуль) действительного числа

$\sqrt[n]{}$ — корень n-й степени

$\sqrt{}$ — квадратный корень

$\log_a M$ — логарифм числа M по основанию a

$\lg M$ — логарифм числа M по основанию 10

$\ln M$ — логарифм числа M по основанию e

$N,n_1 n_2 ... n_k ...$ — десятичная дробь с целой частью N

$N,n_1 n_2 ... n_k (n_{k+1} ... n_{k+p})$ — десятичная дробь с периодом $n_{k+1} ... n_{k+p}$

z и $\bar{z}$ — комплексно сопряжённые числа

i — мнимая единица

$\operatorname{Re} z$ — действительная часть комплексного числа z

$\operatorname{Im} z$ — мнимая часть комплексного числа z

$|z|$ — модуль комплексного числа z

$\operatorname{Arg} z$ — аргумент комплексного числа z

i, j — базисные векторы прямоугольной декартовой системы координат на плоскости
i, j, k — базисные векторы прямоугольной декартовой системы координат в пространстве
$|a|$ — длина вектора a
$\widehat{(a,b)}$ — угол между векторами a и b
(a, b) — скалярное произведение векторов a и b
$\angle$ — символ угла
$\widehat{ABC}$ — величина угла $\angle ABC$
$\|$ — символ параллельности
$\perp$ — символ перпендикулярности
$\angle(a, \alpha)$ — угол между прямой a и плоскостью α
$\angle(\alpha, \beta)$ — угол между плоскостями α и β
$\smile ACB$ — дуга с концами A и B
$\sin \alpha$ — синус α
$\cos \alpha$ — косинус α
$\tg \alpha$ — тангенс α
$\ctg \alpha$ — котангенс α
$\sec \alpha$ — секан\с α
$\cosec \alpha$ — косеканс α
$\arcsin a$ — арксинус числа a
$\arccos a$ — арккосинус числа a
$\arctg a$ — арктангенс числа a
$\arcctg a$ — арккотангенс числа a
(a_n) — последовательность с членами $a_1, a_2, ..., a_n, ...$
$\lim$ — символ предела
Δx — приращение аргумента
Δf — приращение функции
$f'(x)$ или df/dx — первая производная функции $f(x)$
$f(x)$ или $d^n f/dx$ — n-я производная функции $f(x)$
d — символ дифференциала
$\int$ — символ неопределённого интеграла
$\int_a^b$ — символ определённого интеграла
$\max$ — максимум
$\min$ — минимум
Число $e = 2{,}718281828...$
Число $\pi = 3{,}141592653...$ (отношение длины окружности к диаметру)
Число $M = 0{,}434294481...$ (модуль перехода)

Приложение 2

Производные простейшие элементарные функции

1. $(x^a)' = ax^{a-1}$ ($x > 0$, a — вещественное число).
   — Производная от x в степени a равна произведению a на x в степени $(a - 1)$. (Если x больше 0, a — вещественное число.)

2. $(\log_a x)' = \log_a x / x$ ($0 < a \neq 1$, $x > 0$). В частности, при $a = e$ $(\log_e x)' = 1/x$.
   — Производная логарифма x по основанию a равна логарифму x по основанию a, делённому на x. (Если a больше нуля и не равно единице, а x больше нуля.) В частности,

при a, равном e, производная логарифма x по основанию e равна единице, делённой на x (или равна отношению единицы к x).

3. $(a^x)' = a^x \log_e a$ $(0 < a \ne 1)$. В частности, при $a = e$ $(e^x)' = e^x$.
   — Производная a в степени x равна произведению a в степени x на логарифм a по основанию e (натуральный логарифм a). В частности, при a, равном e, производная e в степени x равна e в степени x.

4. $(\sin x)' = \cos x$.
   — Производная синуса x равна косинусу x.

5. $(\cos x)' = -\sin x$.
   — Производная косинуса x равна минус синус x.

6. $(\operatorname{tg} x)' = 1 / \cos^2 x$ $(x \ne \pi / 2 \pm \pi n$, где $n = 0, \pm 1, \pm 2, \ldots)$.
   — Производная тангенса x равна единице, делённой на косинус квадрат x. (Если x не равно пи, делённому на два, плюс-минус пи-эн, где эн равно 0, ±1, ±2 и так далее.)

7. $(\operatorname{ctg} x)' = -1 / \sin^2 x$ $(x \ne \pi n$, где $n = 0, \pm 1, \pm 2, \ldots)$.
   — Производная котангенса x равна минус единице, делённой на синус квадрат x. (Если x не равно пи-эн, где эн равно 0, ±1, ±2 и так далее.)

8. $(\arcsin x)' = 1 / \sqrt{1 - x^2}$ $(|x| < 1)$.
   — Производная арксинуса x равна единице, делённой на корень квадратный из единицы минус x квадрат. (Если модуль x меньше единицы.)

9. $(\arccos x)' = -1 / 1 / \sqrt{1 - x^2}$ $(|x| < 1)$.
   — Производная арккосинуса x равна минус единице, делённой на корень квадратный из единицы минус x квадрат. (Если модуль x меньше единицы.)

10. $(\operatorname{arctg} x)' = 1 / (1 + x^2)$.
    — Производная арктангенса x равна единице, делённой на единицу плюс x квадрат.

11. $(\operatorname{arcctg} x)' = -1 / (1 + x^2)$.
    — Производная арккотангенса x равна минус единице, делённой на единицу плюс x квадрат.

Приложение 3

Латинский алфавит

A a	а	**J j**	йот	**S s**	эс
B b	бе	**K k**	ка	**T t**	тэ
C c	це	**L l**	эль	**U u**	у
D d	де	**M m**	эм	**V v**	ве
E e	е	**N n**	эн	**W w**	дубль-ве
F f	эф	**O o**	о	**X x**	икс
G g	ге	**P p**	пэ	**Y y**	игрек
H h	аш	**Q q**	ку	**Z z**	зет
I i	и	**R r**	эр		

Некоторые буквы греческого алфавита

α	альфа	μ	мю	τ	тау
β	бета	η	ню	φ	фи
γ	гамма	π	пи	ψ	пси
ε	эпсилон	ρ	ро	ω	омега
λ	ламбда	$\Sigma\varsigma$	сигма		

СЛОВАРЬ

А. Имя

абстрактный
абсцисса *чего*
апофема *чего*
аргумент

биссектриса угла
буква греческая
      латинская
      малая
      прописная
вектор нулевой
      свободный
векторы коллинеарные
      компланарные
      равные
      связанные
      скользящие
величина *чего*
      абсолютная
      переменная
      постоянная
      произвольная
(не)верный
вершина угла
выражение алгебраическое
высота

гипотенуза
гомотетичный *чему*
градус
грань *чего*
      боковая
график *чего*

диагональ *чего*
      главная
диаметр
длина *чего*
дробь десятичная
      периодическая
      правильная
      простая
      простейшая
      рациональная
дуга

единица измерения *чего*

замена *чего — чем*
запись *чего*
знак
знакопостоянство *чего*
знаменатель *чего*
      общий
значение *чего*
      допустимое
      наибольшее
      наименьшее
      положительное
      отрицательное

индекс
индукция математическая
интеграл неопределённый
      определённый
      истинный

касательная *к чему*
катет
квадрат
коллинеарный *чему*
компланарный *чему*
конус усечённый
координата *чего*
корень уравнения
      посторонний
косинус *чего*
котангенс *чего*
коэффициент
круг
круговой сегмент
круговой сектор
куб

линия замкнутая
      кривая
      ломаная
      прямая
логарифм *чего*
      десятичный
      натуральный

ложный
луч

максимум
матрица   диагональная
              единичная
              квадратная
              кососимметрическая
              нулевая
              симметрическая
              транспонированная
медиана
мера   градусная
       радианная
метод *чего*
       графический
       тригонометрический
минимум
многогранник правильный
многоугольник правильный
многочлен
множество   абстрактное
              пустое
множитель
              простой
              (не)разложимый *на что*
модуль *чего*

направление *чего*
неизвестное
неравенство
номер *чего*

область значений функции
область определения функции
образующая *чего*
объём *чего*
окружность
              вписанная *во что*
              описанная *около чего*
определение *чего*
определитель третьего порядка
ордината *чего*
основание *чего*
              логарифма
              степени
              многогранника
              многоугольника
остаток
ось вращения
ось симметрии

отличаться *от чего — чем/по чему*
отличие *чего — от чего*
отличный *от чего — чем/по чему*
отношение *чего — к чему*

парабола
параллелепипед
              прямой
              прямоугольный
параллелограмм
параллельный *чему*
переменная
              зависимая
              независимая
перенос
              параллельный
периметр *чего*
перпендикуляр *к чему*
перпендикулярный *чему*
пирамида
              правильная
              усечённая
плоскость
площадь *чего*
поверхность *чего*
              боковая
              коническая
              полная
              сферическая
              цилиндрическая
погрешность предельная
              абсолютная
              относительная
подмножество
подобие *чего*
подобный чему
подобные   треугольники
              фигуры
              члены
положение *чего*
полуокружность
полупериметр *чего*
полусумма *чего*
понятие *чего*
              начальное
последовательность *чего*
              монотонная
              Фибоначчи
построение *чего*
похожий *на что — чем/по чему*
предел *чего*

призма
    наклонная
    правильная
    прямая
приращение *чего*
проекция *чего на что*
произведение *чего на что*
производная *чего*
промежуток *между чем*
пропорциональный *чему*
пространство
противоположный *чему*
прямая (линия)
прямоугольник

равенство
равносильный *чему*
равный *чему*
радиан
развёртка *чего*
различие *чего/между чем*
разность
ранг *чего*
расстояние *от чего*
ребро
    боковое
решение *чего*
    единственное
    ненулевое
    нулевое
ромб

секущая
середина *чего*
сечение *чего*
символ
    Кронекера
симметричный *чему*
симметрия *относительно чего*
синус *чего*
система координат
система уравнений
    неоднородная
    неопределённая
    несовместная
    однородная
    определённая
    совместная
слагаемое
совокупность *чего*
сомножитель

соотношение *между чем*
справедливый *для чего*
средняя линия
столбец
сторона *чего*
    общая
строка

тангенс *чего*
тело вращения
тождественный *чему*
тождество
точка
    критическая
    начальная
    приложения
трапеция
    равнобокая
    равнобедренная
треугольник
    прямоугольный
    равнобедренный
    равносторонний

углы вертикальные
    внешние
    внутренние
    дополнительные
    накрест лежащие
    прилежащие
    противолежащие
    противоположные
    смежные
    соответственные
угол острый
    прямой
    развёрнутый
    тупой
уравнение
    биквадратное
    дифференциальное
    квадратное
    линейное
    логарифмическое
    однородное
    показательное
    тригонометрическое
условие *чего*
    необходимое
    достаточное

фигура
    геометрическая
форма *чего*
формула
формулировка *чего*
функциональная зависимость
функция
    логарифмическая
    (не)возрастающая
    (не)чётная
    (не)убывающая
    обратная
    периодическая
    показательная
    рациональная дробная
        целая
характеристика *чего*
хорда

центр круга
    окружности
    симметрии
    шара
цилиндр
цифра

частное значение *чего*
частный случай
числитель
число
    действительное
    вещественное
    иррациональное
    натуральное
    отрицательное
    положительное
    целое
числовая прямая
член *чего*
    последующий
    предыдущий

шар
шаровой сегмент
шаровой сектор

экстремум
элемент *чего*
    диагональный

Б. Глагол

абстрагироваться *от чего*

вводить — ввести *что как что*
включать — включить *что во что*
возводить — возвести *что во что (в какую степень)*
возникать — возникнуть
возрастать — возрасти
вписывать — вписать *что во что*
вращать(ся) *вокруг чего*
выбирать — выбрать *что*
выделять — выделить *что*
выносить — вынести *что за что (за скобку)*
выполнять — выполнить *что*
выражать — выразить *что через что/с помощью чего*
вытекать *из чего*
выходить — выйти *из чего*
вычислять — вычислить *что*
вычислять — вычислить *что по чем*
вычитать — вычесть *что из чего*
выявлять — выявить *что*
выяснять — выяснить *что*

(с)группировать *что*

(раз)делить *что на что*
допускать — допустить *что*
(про)дифференцировать *что*

зависеть *от чего*
задавать — задать *что*
заменять — заменить *что чем*
замечать — заметить *что*
записывать — записать *что*

измерять — измерить *что*
изображать — изобразить *что*
изучать — изучить *что*
иметь *что*
(про)интегрировать *что*
исключать — исключить *что из чего*
использовать *что для чего*
исследовать *что*
исходить *из чего*
исчислять — исчислить *что*

касаться *чего*

137

лежать *где*
(про)логарифмировать *что*

называть — назвать *что чем*
нарушать — нарушить *что*
начинаться *где*
находить — найти *что*

обладать *чем*
обозначать — обозначить *что чем/через что*
образовать *что*
обращать — обратить *что во что*
ограничивать — ограничить *что чем*
означать *что*
округлять — округлить *что до чего*
описывать — описать *что вокруг чего*
определять — определить *что через что/ с помощью чего*
освобождаться — освободиться *от чего*
отбрасывать — отбросить *что*
откладывать — отложить *что где (на чём)*
отсчитывать — отсчитать *что от чего*

перегруппировывать — перегруппировать *что*
переносить — перенести *что откуда (из чего) куда (во что)*
пересекать — пересечь *что*
пересекаться — пересечься *с чем*
подбирать — подобрать *что*
подставлять — подставить *что во что*
подчёркивать — подчеркнуть *что*
получать — получить *что*
пользоваться — воспользоваться *чем*
появляться — появиться
превосходить — превзойти *что*
превышать — превысить *что*
предполагать — предположить *что*
преобразовывать — преобразовать *что во что*
приводить — привести *что к чему*
прилежать *к чему*
принадлежать *чему*
принимать — принять *что за что*

прирастать — прирасти
проводить — провести *что откуда (из чего) куда (на что)/(к чему)*
противолежать *чему*
противоречить *чему*
проходить — пройти *через что*

разбивать — разбить *что на что*
раскладывать — разложить *что на что*
рассматривать — рассмотреть *что как, что/в качестве чего*
решать — решить *что*

сводиться — свестись *к чему*
складывать — сложить *что и что/что с чем*
следовать *из чего*
совпадать — совпасть *с чем*
содержать *что*
содержаться *в чём*
соединять — соединить *что и что/что с чем*
сокращать — сократить *что на что*
соответствовать *чему*
составлять — составить *что*
состоять *из чего*
(по)строить *что*
существовать *(где)*
сходиться
считать *что чем/каким*

транспонировать *что во что*

убывать — убыть
удовлетворять *чему*
указывать — указать *что*
умножать — умножить *что на что*
упорядочивать — упорядочить *что*
употреблять — употребить *что*
упрощать — упростить *что*
утверждать *что*

формулировать — сформулировать *что*

характеризоваться *чем*

являться *чем*

В. Глагольные словосочетания

давать — дать определение *чего*

иметь вид
иметь смысл

менять — поменять местами *что*

представлять — представить *что в виде чего/как что*

приводить — привести *к виду*
приводить — привести *что* к общему знаменателю
приводить — привести подобные члены
принимать — принять *вид*

раскрывать — раскрыть скобки

(по)ставить *что* в соответствие *чему*

УКАЗАТЕЛЬ ГРАММАТИЧЕСКИХ ТЕМ

(страницы и номера заданий)

1. *Активный и пассивный оборот*: 15 — 1, 2; 60, 61 — 4, 5
2. *Образование и употребление причастий*: 24 — 1, 2, 3; 31 — 1, 2, 3; 33 — 3; 75 — 2, 3; 84 — 2; 92 — 6
3. *Употребление кратких и полных прилагательных, пассивных причастий прошедшего времени*: 9 — 5; 16 — 4; 49, 50 — 3, 4; 54 — 1; 76 — 4; 84 — 3, 4; 92 — 5
4. *Образование и употребление деепричастий*: 107 — 3; 113, 114 — 1, 2, 3
5. *Виды глагола*: 48, 49 — 1, 2; 103 — 2
6. *Глагольное и именное управление*: 9 — 5; 32 — 6; 100 — 4
7. *Образование отглагольных существительных*: 93 — 9; 103 — 3
8. *Образование прилагательных*: 49 — 1
9. *Глагольные и именные словосочетания*: 9 — 6; 17 — 6; 32 — 6; 41 — 5; 50 — 5; 99 — 3; 100 — 5; 104 — 4; 112 — 20
10. *Выражение квалификации*: 25 — 5, 6; 32 — 4, 5; 61 — 6, 7; 62 — 2; 70 — 4; 92 — 2, 3, 4
11. *Выражение определительных отношений*: 8 — 3, 4; 13 — 7; 18 — 3; 27 — 4; 34 — 3; 40 — 1, 2, 3; 54 — 1; 67, 68 — 1, 2, 3, 4, 5; 75 — 1; 83 — 1
12. *Выражение обозначения понятия, явления*: 54, 55 — 2, 3, 4; 56 — 2, 3; 60 — 3; 63 — 3; 69 — 2; 86 — 2; 95 — 3; 128 — 2
13. *Выражение сравнения*: 23 — 9
14. *Выражение классификации, целого и его частей*: 74 — 7; 78 — 3
15. *Выражение места и направления перемещения*: 8 — 2; 14 — 12; 17 — 5; 18 — 1; 32 — 7; 50 — 5
16. *Выражение способа действия*: 108 — 8; 109 — 11; 110 — 15; 112 — 22, 23; 113, 114 — 1, 2, 3; 127 — 1
17. *Выражение цели действия*: 104 — 5; 105 — 2, 3
18. *Выражение условно-временных отношений в сложном и простом предложениях*: 19 — 4; 27 — 5; 43 — 4; 56 — 4; 69 — 3; 70 — 5; 76 — 5; 116 — 5
19. *Выражение причинно-следственных отношений в простом и сложном предложениях*: 116 — 6; 117 — 7, 8
20. *Средства выражения допущения, обоснования, следования, вывода*: 16 — 15; 39 — 8; 118 — 9, 10, 11, 12; 119 — 13; 120 — 16, 17; 121 — 20, 21, 22; 122 — 24; 123 — 1, 2, 3; 127 — 2
21. *Порядок слов*: 25 — 5; 41 — 4

КЛЮЧИ К ЗАДАНИЯМ

Часть 1

Тема 3

с. 24. Задание 3. 1) С помощью линейки нельзя построить угол, разделённый на три равных угла. 2) Две точки окружности, соединённые друг с другом, образуют хорду. 3) Нельзя построить общую касательную, проведённую к двум окружностям, если одна окружность полностью содержится в другой. 4) Центр окружности, описанной около прямоугольного треугольника, лежит на середине гипотенузы. 5) Длина отрезка, ограниченного точками *A* и *B*, обозначается |*AB*|. 6) Данную кривую линию, изображённую на плоскости, называют параболой. 7) Если сторона *AC* является основанием равнобедренного треугольника, то перпендикуляр, опущенный на сторону *AC*, делит её пополам.

с. 25. Задание 6. 1) Если все стороны многоугольника равны и все внутренние углы также равны между собой, многоугольник называется/является правильным. 2) Квадрат является правильным многоугольником. 3) Четырёхугольник, противоположные стороны которого попарно равны и параллельны, называется параллелограммом. 4) Прямоугольник и ромб являются параллелограммами. 5) Трапеция, боковые стороны которой равны, называется равнобокой. 6) По условию задачи трапеция является равнобокой. 7) Середина диагонали параллелограмма является его центром симметрии. 8) Диагонали ромба являются биссектрисами его углов. 9) Непараллельные стороны трапеции называются/являются боковыми сторонами.

с. 26. Задание 2. 1) Противоположные углы параллелограмма равны. 2) Углы, прилежащие к одному основанию равнобокой трапеции, равны. 3) Внутренние углы четырехугольника в сумме составляют 360°. 4) Накрест лежащие углы квадрата равны 45°. 5) Углы, прилежащие к одной стороне параллелограмма, в сумме составляют 180°. 6) Внутренние углы прямоугольника равны 90°. 7) Вертикальные углы, образующиеся в точке пересечения диагоналей параллелограмма, равны. 8) Углы, образующиеся в точке пересечения диагоналей в ромбе, равны 90°. 9) Внутренние углы правильного многоугольника равны между собой.

Тема 4

с. 31. Задание 3. 1) Смежные углы — это углы, имеющие общую сторону. 2) В прямоугольном треугольнике угол, противолежащий гипотенузе, равен 90°. 3) Секущая — это линия, пересекающая окружность в двух точках. 4) Диаметр — это хорда, проходящая через центр окружности. 5) Смежные и дополнительные углы — это углы, имеющие общую сторону. 6) В равнобокой трапеции углы, прилежащие к основанию трапеции, равны. 7) Трапеция — это геометрическая фигура, имеющая два параллельных основания, которые не равны друг другу. 8) Хорда — это отрезок прямой, соединяющий две точки окружности. 9) Круговой сектор — это часть круга, находящаяся между двумя радиусами и дугой окружности. 10) Перпендикуляр опущен из вершины треугольника на прямую, содержащую основание треугольника. 11) Из вершины угла проведена прямая, соединяющая вершину треугольника с серединой противоположной стороны. 12) В прямоугольном треугольнике угол, находящийся между катетом и гипотенузой, является острым. 13) Средняя линия трапеции, делящая боковые стороны трапеции пополам, равна полусумме её оснований.

с. 34. Задание 4. ... Часть круга между хордой и дугой окружности — это круговой сегмент. Его площадь равна сумме или разности площади кругового сектора и площади треугольника, образованного двумя радиусами и хордой.

Часть 2

Тема 4

с. 74. Задание 8. Системы уравнений:

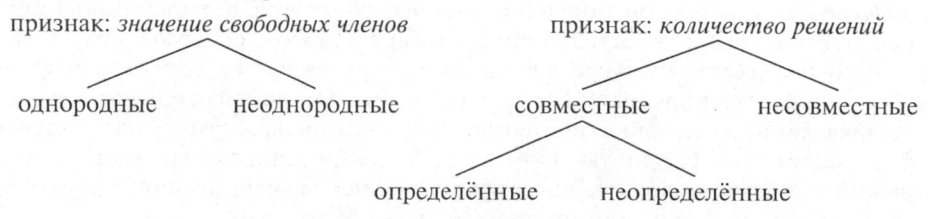

признак: *значение свободных членов*

однородные   неоднородные

признак: *количество решений*

совместные   несовместные

определённые   неопределённые

Тема 6

с. 94. Задание 9. б) Восстановление функции по её известной производной; зависимость определённого интеграла от вида функции; стремление определённого интеграла к нулю; вычисление мгновенной скорости точки; приращение функции $F(x)$ на промежутке интегрирования; нахождение производной данной функции; сближение верхнего и нижнего пределов; совпадение дифференциала интеграла с переменным верхним пределом с подынтегральным выражением; сохранение абсолютного значения; установление связи между интегральным и дифференциальным исчислением; разыскание неопределённого интеграла.

Часть 3

Тема 1

с. 104. Задание 1. 1 — 3; 2 — 2, 4; 3 — 1.

Тема 3

с. 118. Задание 10. 1) **Тогда** число отличных от нуля элементов, стоящих на главной диагонали полученной матрицы, будет равно рангу матрицы. 2) **Поэтому** его площадь можно находить так же, как и площадь параллелограмма. 3) **Значит**, его можно решать методом разложения левой части на множители. 4) **Следовательно**, область определения функции $y = x^3$ — вся числовая прямая.

с. 118. Задание 12. 1) Векторы **a** и **b** имеют одинаковое направление. **Следовательно**, вектор *a* коллинеарен вектору *b*. 2) Стороны *BC* и *AD* — основания трапеции. **Значит**, сторона *BC* параллельна стороне *AD*. 3) Известно, что углы α и β — смежные и угол β — прямой. **Поэтому** угол α равен углу β, т. е. равен 90°. 4) Мы нашли, что первая и вторая системы уравнений имеют одно и то же множество решений. **Значит**, они равносильны. 5) Один из двух векторов нулевой. **Следовательно**, он коллинеарен другому вектору. 6) Векторы *c* и *d* имеют одинаковые модули и направления. **Значит**, они равны. 7) Два угла одного треугольника равны двум углам другого треугольника. **Следовательно**, эти треугольники подобны.

с. 120. Задание 17. 1) Две несовместные системы уравнений считаются равносильными по определению, так как две равносильные системы уравнений имеют одно и то же множество решений, а несовместная система уравнений не имеет решений. 2) Нулевой вектор коллинеарен любому вектору по определению, потому что у коллинеарных векторов направления совпадают или противоположны, а нулевой вектор не имеет длины и направления. 3) Параллелепипед является частным случаем призмы, поскольку у параллелепипеда основаниями и боковыми гранями являются параллелограммы, а многогранник, две грани которого — равные *n*-угольники, лежащие в параллельных плоскостях, а остальные *n* граней — параллелограммы, называется n-угольной призмой.

Тема 4

*с. 127. **Задание 2.*** 1) Допущение о ложности теоремы $A \Rightarrow B$ неверно. **Следовательно**, теорема $A \Rightarrow B$ истинна. 2) **Так как** стороны *a*, *b* и *c* треугольника связаны равенством $a^2 + b^2 = c^2$, то треугольник является прямоугольным. 3) **Поскольку** данное утверждение является аксиомой, это утверждение не требует доказательства. 4) **Если** и прямая, и обратная теоремы являются истинными, их можно объединить в одно утверждение типа равносильности $A \Leftrightarrow B$. 5) Сумма цифр натурального числа делится нацело на 3. **Отсюда** следует, что натуральное число делится нацело на 3.

ОГЛАВЛЕНИЕ

ПРЕДИСЛОВИЕ 3

ЧАСТЬ 1
Словарь геометрии 5
Тема 1. Углы на плоскости 5
Тема 2. Треугольники 10
Тема 3. Многоугольники 20
Тема 4. Окружность и круг 29
Тема 5. Многогранники 35
Тема 6. Тела вращения 45

ЧАСТЬ 2
Некоторые понятия математического анализа 52
Тема 1. Элементы теории множеств 52
Тема 2. Функция 57
Тема 3. Векторы 64
Тема 4. Системы уравнений 72
Тема 5. Матрицы 80
Тема 6. Интегралы 88

ЧАСТЬ 3
Доказательства, решение задач 98
Тема 1. Математические преобразования 98
Тема 2. Способы решений и доказательств 105
Тема 3. Логическая структура решения, доказательства 115
Тема 4. Научный инструментарий математики 125

ПРИЛОЖЕНИЯ
Приложение 1. Основные математические обозначения 130
Приложение 2. Таблица производных простейших элементарных
  функций 131
Приложение 3. Латинский алфавит 132
  Некоторые буквы греческого алфавита 133

СЛОВАРЬ 134
УКАЗАТЕЛЬ ГРАММАТИЧЕСКИХ ТЕМ 140
КЛЮЧИ К ЗАДАНИЯМ 141